Madre Fructífera

Llena del Espíritu

Brenda Lee Gines

Faithistry Studios LLC

Madre Fructífera: Llena del Espíritu es la traducción oficial al español de *Fruitful Mom: Filled with the Spirit* por Brenda Lee Gines. La obra original en inglés fue publicada en 2026 por Faithistry Studios LLC. Esta traducción al español está protegida por las leyes internacionales de derechos de autor. La obra original en inglés fue publicada como *Fruitful Mom: Filled with the Spirit* por Brenda Lee Gines.

Traducción al español por Brenda Lee Gines.
Editado, diseñado y publicado por Faithistry Studios LLC
www.faithistry.com

Impreso en los Estados Unidos de América
ISBN: 979-8-9946358-2-7

Dedicatoria

A mi esposo, Jesse, gracias por los sacrificios en silencio, por las oraciones que nadie ve, y por recordarme, aun en mis días más difíciles, que este llamado de la maternidad es una obra sagrada y divina.

A mis hijos, ustedes son mis bendiciones y mi legado. Cada uno me ha formado de maneras que nunca imaginé y me ha acercado más al corazón de Dios. Cada uno de ustedes me ha hecho madre en diferentes temporadas, y le doy gracias a Dios por ustedes. Oro para que crezcan en la persona que Dios los creó para ser y que las semillas sembradas en sus corazones florezcan en vidas firmes en Cristo.

Y a toda madre que tome este libro, que este libro sea un recordatorio suave de que eres escogida, estás creciendo y nunca estás sola.

Tabla de Contenido

Propósito y Visión

La maternidad es tierra sagrada: santa, que estira, que refina y que es hermosa. Sin embargo, muchas veces las madres pasan sus días sintiéndose invisibles, abrumadas y sin saber si están haciendo lo suficiente o siendo suficientes.

Este libro fue escrito para recordarle a cada madre que el crecimiento espiritual no ocurre lejos de su familia; ocurre en el corazón de su hogar. A lo largo de este libro notarás imágenes inspiradas en la armadura de Dios, no como una enseñanza de guerra, sino como un recordatorio de que el fruto espiritual crece y también protege.

Propósito

El propósito de este libro es:

- Guiar a las madres a una relación más profunda con Dios por medio del Fruto del Espíritu.
- Transformar los momentos cotidianos en impacto eterno.
- Fortalecer la vida interior de las madres para que puedan cultivar hogares semejantes a Cristo.

- Recordar a cada mujer que la maternidad es ministerio, no una pausa del propósito, sino una expresión profunda de él.
- Ayudar a sanar áreas donde las madres sienten que "fallaron", ofreciendo gracia, sabiduría y restauración.
- Equipar a las madres para criar desde la presencia de Dios y no desde la presión, la comparación o la autosuficiencia.

Este libro nació no de la perfección, sino de la experiencia, el arrepentimiento, la revelación y la redención; el camino de una madre que aprendió, a veces con dolor, cuán profundamente los hijos necesitan no solo nuestra dirección, sino nuestra transformación espiritual.

Visión

La visión de **La Mamá Fructífera** es:

- Levantar madres que reflejen más a Cristo que a la cultura.
- Formar familias arraigadas en amor, gozo, paz, paciencia, bondad, benignidad, mansedumbre, fe y dominio propio.
- Restaurar corazones cansados y reavivar la esperanza en temporadas de agotamiento o arrepentimiento.
- Animar a las madres a liderar con gracia, humildad y fortaleza.
- Crear hogares donde habite el Espíritu Santo, reine la paz y los hijos crezcan seguros en amor y verdad.

Que este libro te equipe para ser madre no solo con esfuerzo, sino con evidencia del Espíritu, enseñando el Evangelio a tus hijos no solo con palabras, sino con la manera en que vives, amas, pides perdón, corriges y oras.

Una Bendición Final

Que cada madre que abra estas páginas:

- Se sienta vista.
- Se sienta fortalecida.
- Se sienta redimida.
- Y se sienta invitada a dar fruto que dure por generaciones.

Porque Dios no espera que seas perfecta; Él te invita a ser plantada, cuidada y transformada. Y desde ese lugar vendrá el fruto; fruto del cual tus hijos comerán mucho después de que tus manos descansen y tu voz ya no suene en los cuartos, sino en sus corazones.

Cómo Usar Este Libro

Querida mamá:

Este libro fue escrito para tu corazón: las partes cansadas, las partes sensibles, las partes llenas de esperanza y las partes que aún están sanando. No es un libro para leer con prisa, sino para caminar con él.

Cada capítulo representa un Fruto del Espíritu, y como el fruto en la naturaleza, estas virtudes toman tiempo, alimento y gracia para crecer.

Este libro no está aquí para decirte que seas perfecta.
Está aquí para ayudarte a buscar la presencia de Dios, la fidelidad y el crecimiento guiado por el Espíritu, un día a la vez.

Puedes leer este libro:

- un fruto por día,
- o una vez por semana durante 9–10 semanas,
- o todo de una vez.

No hay un ritmo incorrecto. La sanidad y el crecimiento no se miden por la velocidad, sino por la templanza.

Mientras lees, permite que el Espíritu Santo hable, confronte, consuele y guíe. Deja que cada fruto suavice tu corazón, fortalezca tu espíritu y alinee tu maternidad con el ritmo del cielo.

Al final de cada capítulo encontrarás preguntas de reflexión. Úsalas en oración.

Puedes:

- escribir tus respuestas en un diario,
- orarlas en silencio,
- o conversarlas con otra madre o con tu esposo.

Estas preguntas no están para exponer tus fallas, sino para revelar con suavidad la mano de Dios y Su esperanza en tu historia.

Una Nota Suave para Madres en Diferentes Temporadas

Algunos capítulos pueden despertar recuerdos; momentos en los que quisieras haber sido diferente como madre, haber hablado con más ternura, abrazado por más tiempo u orado antes.

Si eso sucede, haz una pausa. Respira. Invita la gracia de Dios a esos espacios. Él es el Dios de Restauración.

Este libro da la bienvenida a madres de recién nacidos, niños pequeños, adolescentes, hijos adultos y también a las que están reconstruyendo puentes rotos.

Dios no espera que las madres nunca fallen; Él espera compromiso, rendición y disposición para crecer (Filipenses 1:6).

Cada esfuerzo hacia una maternidad semejante a Cristo, por pequeño que parezca, tiene peso eterno.

Lo Que Este Libro Es

- Un compañero
- Una guía suave
- Un espejo de gracia
- Un recordatorio de quién eres en Cristo

Lo Que Este Libro No Es

- Una lista para cumplir
- Una herramienta de comparación
- Una medida de si eres "suficientemente buena"
- Una exigencia de perfección

La maternidad es una postura del corazón, no una competencia. No se mide por días perfectos, sino por días fieles.

Antes de comenzar cada capítulo, toma un momento para:

- Meditar en la presencia de Dios en tu vida,
- Susurrar una oración sencilla: "Espíritu Santo, ayúdame a crecer hoy",
- Soltar los errores de ayer, y
- Abrir tu corazón a la voz de Dios.

Él promete encontrarte en lo secreto. Él se deleita en tu deseo de crecer. Aun si llegas a estas páginas cansada, seca o insegura, no estás atrasada. Estás exactamente donde Él comienza cosas nuevas.

Lectura del Capítulo Extra 10

Más adelante en este libro notarás un capítulo extra titulado **Cuando la Fe y el Temor Chocan**.

Este capítulo no está diseñado para leerse por obligación ni en un horario fijo. Existe para momentos cuando el crecimiento se siente difícil, la fe se siente estirada o el temor se siente más fuerte de lo normal.

Si llegas a una temporada así, este capítulo está aquí para ti. Si no lo necesitas ahora, puedes volver a él más adelante… o no leerlo.

El crecimiento no es lineal, y Dios te encuentra exactamente donde estás.

Mientras lees, recuerda:

El fruto crece despacio. Las raíces se desarrollan en lo escondido. Y Dios es paciente contigo. No se espera que produzcas todo el fruto perfectamente… solo que camines con Aquel que lo hace crecer dentro de ti.

Que este libro se convierta en un lugar suave donde tu corazón pueda descansar, una maestra gentil, una compañera de sanidad y una invitación santa a crecer en la madre que Dios diseñó que fueras.

Eres vista.
Eres amada.
Estás dando fruto… y el cielo celebra tu sí.

Con gracia y hermandad,
Brenda

Cómo Usar Este Libro: Edición para Grupos de Vida (10 semanas)

La Mamá Fructífera es más que un devocional; es un camino de formación espiritual para madres que desean crecer en el carácter de Cristo. Ya sea que este libro se use en la iglesia, en una reunión en casa o en un grupo pequeño de amigas, estas próximas diez semanas te guiarán a una transformación práctica y dirigida por el Espíritu.

Esta guía ayudará a las líderes y participantes a entender qué esperar, cómo prepararse y cómo hacer que cada reunión sea significativa, cercana y centrada en la Palabra de Dios.

Etiqueta del Grupo de Vida (Para Todas)

- **Gracia sobre perfección** — algunas semanas se sentirán más fáciles que otras.
- **Honestidad sobre apariencia** — el crecimiento ocurre en la verdad.
- **Escuchar antes de arreglar** — no nos corregimos unas a otras; nos

acompañamos.

- **Confidencialidad sobre curiosidad** — lo que se comparte aquí, aquí se queda.

Recuerda decirle al grupo:

"Nadie está llamada a dominar los frutos, solo a caminar con el Espíritu."

Una Nota Sobre el Capítulo Extra (Capítulo 10)

Cuando la Fe y el Temor Chocan es un capítulo extra escrito para apoyar a las madres en momentos cuando el crecimiento espiritual se siente difícil, resistido o emocionalmente pesado.

A medida que las mujeres crecen en el Fruto del Espíritu, no es raro que aparezcan el temor, la duda, el cansancio o la resistencia espiritual. Estos momentos no indican fracaso; muchas veces señalan transición, refinamiento y una dependencia más profunda de Dios.

Este capítulo está intencionalmente separado de los nueve frutos. No es un décimo fruto, ni es necesario para completar el camino del Fruto del Espíritu.

En cambio, el Capítulo 10 sirve como un acompañamiento pastoral—ofreciendo ánimo, base bíblica y guía suave cuando la fe y el temor se sienten entrelazados.

Se anima a las líderes y lectoras a acercarse a este capítulo en oración y con flexibilidad, usándolo según sea necesario y no por calendario.

Opciones para Líderes del Grupo – Capítulo 10

Cada grupo es único. Se invita a las líderes a escoger el enfoque que mejor sirva a las necesidades espirituales y emocionales de sus madres.

Opción A — Lectura Personal Solamente (Recomendado por Defecto)

El Capítulo 10 puede ofrecerse como lectura personal opcional para reflexión individual.

Usa esta opción cuando:

- Una participante está experimentando ansiedad, agotamiento o desánimo.
- Una semana se siente emocionalmente pesada.
- La resistencia espiritual está surgiendo en privado y no en todo el grupo.

Cómo presentarlo al grupo:

"Si esta semana despertó temor, cansancio o duda, el Capítulo 10 está disponible como un ánimo personal. Léelo solo si sientes la dirección de hacerlo."

No se requiere discusión en grupo.

Opción B — Discusión Grupal Opcional (Según Discernimiento de la Líder)

El Capítulo 10 puede usarse como discusión grupal solo si la líder percibe que sería útil y apropiado. La líder puede cerrar la conversación antes de tiempo si la oración se convierte en la necesidad principal.

Usa esta opción cuando:

- Varias madres están expresando temor, resistencia espiritual o desánimo.
- El grupo necesita ánimo más que instrucción.
- La oración y la reflexión son más necesarias que una enseñanza estructurada.

Guías para el uso en grupo:

- Selecciona solo 1–2 preguntas de reflexión.
- Mantén la conversación basada en la Escritura y la esperanza.
- Evita tratar de resolver problemas o hacer comparaciones.
- Permite que la oración dirija el ambiente.

Este capítulo nunca debe reemplazar una semana enfocada en un fruto y no debe apresurarse ni forzarse.

La estructura semanal puede ajustarse según las necesidades de tu grupo. Usa discernimiento y sigue la dirección del Espíritu Santo. Su guía debe ser tu enfoque principal por encima de cualquier estructura sugerida.

Semana 1 — Introducción y Orientación

La primera semana se trata de establecer el tono, crear un ambiente seguro y poner un fundamento espiritual.

Propósito de la Semana 1

- Explicar el corazón detrás del devocional.
- Introducir los Frutos del Espíritu.
- Construir comunidad y expectativas.
- Crear un compromiso compartido hacia el crecimiento espiritual.
- Establecer un ritmo de grupo que dure las 10 semanas.

Lo que la Líder Puede Hacer Antes de la Semana 1

- Leer la Introducción y el primer capítulo del fruto con anticipación.

- Orar por cada mujer del grupo.
- Compartir la estructura semanal (abajo).
- Preparar un ambiente acogedor: música suave de adoración, té o café, bolígrafos y diarios opcionales.

Flujo de la Reunión – Semana 1

1. Bienvenida y Rompehielo (10 minutos)

Una pregunta sencilla:
"¿Qué te trajo aquí? ¿Qué fruto deseas más que Dios haga crecer en tu vida en esta temporada?"

2. Propósito del Grupo (10 minutos)

Comparte la intención de este estudio:

- crecer espiritualmente
- apoyarnos unas a otras
- invitar al Espíritu Santo a dar fruto en la maternidad diaria
- caminar con autenticidad, sin presión ni perfeccionismo

3. Qué Esperar (10 minutos)

- Lectura personal semanal
- Preguntas de reflexión
- Discusión en grupo
- Oración y ánimo

4. Cómo Funciona el Libro (10 minutos)

• Sección Principal de Enseñanza
(Mezcla reflexión, lección, aplicación a la vida, historias y Escritura)

• Reflexión Final
(Un breve resumen o meditación que cierra el capítulo)

• Momentos de Reflexión
(Preguntas para dialogar)

• Oración por el Fruto
(Oración al final del capítulo)

5. Expectativas y Pacto del Grupo (5 minutos)

Anima a:

- la confidencialidad
- la amabilidad
- la puntualidad
- la gracia en los días difíciles
- no compararse ni desanimarse unas a otras

6. Resumen de los Frutos del Espíritu (Gálatas 5:22–23) (10 min)

"Mas el fruto del Espíritu es amor, gozo, paz, paciencia, benignidad, bondad, fe, mansedumbre y dominio propio. Contra tales cosas no hay ley." (NVI)

Comparte una visión breve de lo que se construirá en las próximas 9 semanas.

7. Oración y Bendición (5 min)

Semanas 2–10 — Ritmo Semanal del Grupo

Cada semana se enfoca en un fruto, siguiendo una estructura sencilla y repetible.

Antes de Cada Reunión

Las participantes deben:

- Leer el capítulo correspondiente.
- Completar los espacios de reflexión.
- Anotar lo que el Espíritu Santo les reveló.

Guía de la Líder para las Reuniones Semanales (60–75 minutos)

1. Bienvenida y Chequeo Rápido (5 minutos)

Haz esta pregunta a cada madre:
"¿Cómo se manifestó el fruto de esta semana en tu hogar?"

Esto mantiene el enfoque en la experiencia, no en el desempeño.

2. Lectura de la Escritura (3 minutos)

Lee el versículo o los versículos principales mencionados en el capítulo.
Esto mantiene la reunión anclada en la Palabra.

3. Resumen del Capítulo (5 minutos)

La líder o una participante designada resume la enseñanza principal del fruto.

4. Discusión Guiada (20–25 minutos)

Usa 3–4 preguntas como:

- ¿Qué parte del capítulo te impactó más?
- ¿Dónde se te hizo difícil aplicar este fruto esta semana?
- ¿Qué te reveló el Espíritu Santo sobre ti, tu hogar o tu maternidad?

- ¿Notaste algún cambio en tu tono, paciencia o reacciones esta semana?

Límites para la líder

Redirige con suavidad si la conversación se vuelve:

- demasiado crítica consigo misma
- desahogo sin reflexión
- enfocada en "arreglar" en vez de apoyar
- emocionalmente pesada sin esperanza

5. Revisión de la Práctica/Desafío Semanal (10 minutos)

Conversen:

- ¿Cómo se aplicaron en la vida real los principios del capítulo?
- ¿Qué fue inesperadamente difícil o fácil de seguir?
- ¿Qué pequeña victoria experimentaste, si alguna?
- ¿Dónde viste a Dios obrar esta semana?

6. Momento de Oración (10 minutos)

Anima a que cada semana una madre diferente ore.

Inspira oraciones que sean:

- específicas
- de apoyo
- guiadas por el Espíritu
- conectadas al fruto de la semana

Opción: la líder puede leer en voz alta la oración final del capítulo como oración grupal.

7. Vista Previa del Fruto de la Próxima Semana (2 minutos)

Comparte brevemente el tema del próximo fruto para que las madres comiencen a leer y preparar sus corazones.

Consejos para la Líder — Un Grupo Saludable

1. Mantén el enfoque del grupo en la Escritura, no en opiniones.
Usa la Escritura y el libro como ancla. Puedes usar otros versículos según la dirección del Espíritu Santo.

2. Da espacio a las participantes calladas.
Haz invitaciones directas pero suaves:
"¿Te gustaría añadir algo?"

3. Protege el ambiente de juicios.
Redirige conversaciones que se desvíen hacia:

- vergüenza
- crítica
- comparaciones entre hijos

4. Celebra las pequeñas victorias.
El Espíritu Santo muchas veces obra en pasos pequeños, no en saltos gigantes.

5. Discierne cuándo un momento necesita oración más que conversación.
Si alguien se emociona, haz una pausa, ora y afirma su fortaleza aun en su vulnerabilidad.

Final de la Semana 10 — Celebración del Grupo

La última reunión también puede incluir:

- Animar a cada mujer a compartir un cambio importante que Dios hizo en su corazón.
- Leer Gálatas 5:22–23 juntas en voz alta.
- Orar una bendición sobre cada madre participante.

Termina recordándole al grupo:

"El fruto que Dios está creciendo en ti seguirá floreciendo mucho más allá de estas diez semanas."

Introducción: Convertirse en una Madre Fructífera

La maternidad es uno de los llamados más importantes que existen hoy. También es, muchas veces, uno de los llamados menos valorados y más pasados por alto en el ministerio. La sociedad moderna poco a poco ha reducido su valor, esperando que tanto la madre como el padre produzcan ingresos para la familia. Como resultado, muchas madres están más cansadas y menos preparadas para cuidar y criar a sus hijos.

El cambio ha sido sutil, pero sus efectos son profundos. Lo que antes se honraba como una responsabilidad sagrada dada por Dios, ahora muchas veces se trata como un complemento del "éxito real".

La presión cultural empuja a las madres a vaciarse en todas partes — trabajo, hogar, relaciones y responsabilidades — mientras casi nunca se les da espacio para volver a llenarse o para fortalecer su caminar con Dios.

Los hogares van más rápido que nunca, pero muchas veces con menos conexión. Los niños tienen más estímulo, pero menos dirección. Las familias tienen más comodidades, pero menos cercanía. Y las madres, estiradas entre tantas expectativas, cargan en silencio un peso que el mundo rara vez reconoce — un peso que forma corazones, construye carácter y establece el fundamento espiritual de las futuras generaciones.

Sin embargo, a pesar de los cambios de la sociedad, Dios no ha cambiado Su manera de ver la maternidad.

Sigue siendo un llamado divino, un ministerio que impacta la eternidad, un lugar donde el discipulado comienza mucho antes de que un niño pueda hablar. Aunque el mundo pase por alto la importancia de los sacrificios diarios de una madre, el cielo cuenta cada uno.

Las madres no están fallando; están luchando contra una corriente cultural que constantemente tira en contra de su llamado.

Y en medio de esa lucha, Dios las encuentra. Él las fortalece. Él las equipa. Él les recuerda que la obra que hacen — sea vista o no — es irreemplazable en el reino de Dios.

Porque cuando una madre se mantiene firme en su propósito, fortalece su hogar. Y cuando los hogares se fortalecen, las generaciones son transformadas.

La maternidad es el lugar donde muchas veces se encuentran el gozo y el cansancio, donde el amor se profundiza entre risas y lágrimas. Toda mamá desea ser paciente, tierna y fuerte, pero también se ve humillada por la realidad diaria de la vida.

Pero aquí está la verdad: no tienes que ser una madre perfecta ni depender solo de ti misma para ser una madre fructífera.

Dios nunca te pidió que criaras sola.

Él te invitó a criar con Su Espíritu.

Los frutos del Espíritu (amor, gozo, paz, paciencia, bondad, benignidad, fe, mansedumbre y dominio propio) no son solo virtudes para admirar. Son cualidades vivas que echan raíces en tu corazón cuando la presencia de Dios forma tus respuestas, suaviza tu tono y fortalece tu determinación.

Este libro es una invitación a crecer.
A bajar el ritmo.
A ver la maternidad no como una lista de tareas, sino como un jardín — un lugar donde Dios está cultivando tanto tu vida como la de tus hijos.

Aquí encontrarás historias reales, ánimo bíblico, claridad emocional y reflexiones diseñadas para ayudarte a caminar cada Fruto del Espíritu con gracia e intención.

Algunos días lo harás bien; otros días no. Pero Dios usa aun tus momentos más débiles como oportunidades de crecimiento.

Cada oración, cada abrazo, cada lágrima, cada susurro de "Señor, ayúdame" se convierte en una semilla plantada en amor.

Así que respira, querida mamá. No estás atrasada.

Estás en proceso.

Y con cada paso, estás creciendo en la mujer y madre que Dios diseñó que fueras... fructífera, fiel y llena de gracia.

No tienes que cambiar toda tu vida para dar fruto.

Dios lo hará crecer en ti justo donde estás.

"En esto es glorificado mi Padre: en que den mucho fruto, y así prueben que son mis discípulos." Juan 15:8 (NVI)

1

EL AMOR: Es El Fundamento de Todo

El amor es paciente y bondadoso.
No es envidioso ni fanfarrón; no se
comporta con rudeza... Todo lo cree,
todo lo espera, todo lo soporta.

1 Corintios 13:4, 7 NVI

El Amor Comienza en lo Invisible

El amor de una madre por su hijo es diferente a cualquier otro amor en la tierra. Comienza en silencio, en lo invisible, antes del primer llanto y antes de los primeros destellos de un latido en un monitor.

Comienza en la concepción, en ese lugar oscuro y tranquilo donde Dios enciende la chispa de la vida.

Y con esa chispa viene una asignación divina, ordenada por el cielo mucho antes de que el mundo lo note. Dios comienza a formar el corazón de una madre así como forma al niño dentro de ella.

Aun antes de que una madre vea el pequeño rostro con el que ha estado soñando, ella ama a su hijo. Algunas quizá no sepan cómo expresarlo ni cómo comprenderlo, pero debajo de cada capa de confusión y temor, hay amor.

Ese amor puede ser probado por las náuseas del embarazo, las noches sin dormir y la incertidumbre que duele, pero crece con cada movimiento y cada patadita.

Marca el final del amor centrado en sí misma y el comienzo del amor desinteresado. Es un amor que da, protege y permanece.

Es una conexión sagrada que se profundiza tanto en la incomodidad como en el asombro. Cambia no solo su cuerpo y sus emociones, sino también la manera en que ve el mundo: con nuevos ojos de protección, compasión y propósito.

Una Asociación Sagrada Entre el Cielo y la Tierra

Cada día que pasa se convierte en una asociación entre lo visible y lo que se siente.

La madre provee alimento, calor y refugio, mientras Dios forma cada detalle dentro de su vientre: el latido, las huellas dactilares, el propósito.

Esta creación compartida se convierte en un dueto sagrado entre el cielo y la tierra, entre el diseño divino y la devoción humana.

Es un vínculo silencioso entre el Creador y la creación. Un hermoso paralelo que las madres experimentan de manera única al sentir los movimientos invisibles del niño dentro de ellas.

Ella tiene el privilegio de formar una conexión primero, después de Dios mismo, con la vida que crece debajo de su corazón. Este es el lugar donde florecen el amor y la devoción.

Este amor es **ágape** en su forma humana más pura: incondicional y sacrificial, nacido del corazón de quien da vida. Refleja la manera en que Dios nos ama, aunque Su amor llega aún más profundo.

Como nos recuerda el Salmo 139:13:

"Porque tú formaste mis entrañas;tú me hiciste en el vientre de mi madre." (NVI)

¡Qué misterio que el mismo Dios que nos forma también nos da la capacidad de amar a los hijos que confía a nuestro cuidado!

Amor Renovado, Amor Devuelto

Cuando una madre finalmente sostiene a su hijo por primera vez, experimenta lo imposible: un amor que de alguna manera se expande sin medida.

El bebé que hace unos momentos era parte de su vientre, ahora descansa seguro sobre su pecho, envuelto en calor y pertenencia.

En ese momento, ambos corazones vuelven a aprender lo que significa amarse y ser amados. Es un amor renovado, pero a la vez trascendente.

Este momento de encuentro también se convierte en un reflejo del corazón de Dios: la manera en que Su amor nos atrae hacia Él incluso después de temporadas de distancia.

Así como el niño reconoce el ritmo familiar del latido de su madre, nosotros también reconocemos el latido constante de Dios cuando regresamos a Él. El amor siempre nos trae de vuelta a casa.

Elige Amar Cada Día

Este amor no termina con ese primer abrazo.

Es una decisión que la madre sigue tomando. Su amor comienza como instinto, pero caminar en amor cada día se convierte en un acto de la voluntad.

Debe decidir *"vestirse de amor" (Colosenses 3:14)* aun cuando es difícil, escogiendo paciencia en lugar de irritación, gracia en lugar de culpa y compasión en lugar de control.

Habrá días en que su amor se sienta poco apreciado, días en que el cansancio la tiente a alejarse y días en que se pregunte si es suficiente.

Pero el amor — el amor de Dios — no se rinde. Permanece no porque sea fácil, sino porque es eterno.

Porque el amor es Dios mismo.

Revestida de Amor

El amor está protegido por la justicia, y la justicia se forma por el amor.

Por eso la coraza protege el corazón, el centro de todo afecto, motivo e intención. Protege el lugar donde comienza el amor, donde se asientan las heridas y donde se forman las convicciones más profundas de una madre.

Cuando una **Mamá Fructífera** elige amar, está escogiendo más que un sentimiento; está decidiendo proteger su corazón de la amargura, el resentimiento y el desgaste emocional. Elegir amar se convierte en un acto de guerra contra toda fuerza que intenta endurecer su espíritu.

La coraza se vuelve su recordatorio de que la verdadera justicia no es una perfección fría, sino un amor vivido con pureza e integridad, aun cuando la vida se siente abrumadora.

Esta armadura la protege de la lenta deriva hacia la dureza y el cinismo que intentan sembrar pensamientos como: "¿Para qué intentarlo? ¿Vale la pena?" o la tristeza que la tienta a retirarse por completo.

Con la Coraza de Justicia en su lugar, el amor se convierte en su fortaleza, no en su carga.

En lugar de reaccionar desde el dolor, responde desde la plenitud. En lugar de protegerse con distancia, protege su hogar con amor. La guarda para el propósito de Dios.

Con cada acto de amor, refuerza su armadura. Con cada paso de obediencia, fortalece su firmeza. Con cada rendición a Dios, pule lo que más la protege.

Porque donde el amor se fortalece, la paz encuentra su lugar, la paciencia crece con más facilidad, la bondad fluye con más naturalidad y cada otro fruto comienza a florecer.

Amor Que Perdura en Cada Temporada

El amor es la belleza agridulce de ver crecer a un hijo.

Es alegrarse en cada logro y al mismo tiempo entristecerse en silencio cuando cada cumpleaños trae un poco más de independencia, recordando que su hijo se está convirtiendo en alguien nuevo.

La maternidad puede sentirse como una montaña rusa salvaje e impredecible, llena de bajadas, giros y momentos inestables, pero el amor es la vía inquebrantable bajo sus pies. Esas vías de amor son firmes, seguras y fuertes.

El amor de una madre siempre será su fundamento en cada temporada, así como el amor de Dios por nosotros permanece como el fundamento inconmovible en cada respiro que damos.

En Gálatas 5:22, el amor es el primer Fruto del Espíritu que se menciona. Esto es porque el amor es la tierra donde crecen todos los demás frutos.

Cuando el amor echa raíces, el gozo, la paz, la paciencia y cada otra virtud comienzan a florecer.

El Amor en Muchas Formas

C. S. Lewis, en su libro *Los cuatro amores*, describió el amor en muchas formas: afecto, amistad, pasión romántica y caridad divina.

Como madres, experimentamos destellos de los cuatro cada día: la risa de un hijo, el ánimo de una amiga, el abrazo de la pareja y el amor incondicional de Dios derramado en nosotras.

Cuando las madres se detienen lo suficiente para reconocer cómo el amor de Dios las rodea, la gratitud comienza a florecer. Esta gratitud prepara la tierra de nuestros corazones para que el amor crezca más fuerte. Cambia nuestro enfoque de lo que nos falta hacia la abundancia que ya nos rodea.

Entonces el amor se vuelve más visible cuando una madre usa la gratitud como lente.

A través de la gratitud, el amor de Dios se vuelve más claro, y la revelación de Su presencia constante se arraiga en el entendimiento, haciendo más fácil permitir que Su amor fluya sobre tus hijos y tu esposo.

La **Mamá Fructífera** descubre cómo amar fielmente mientras refleja el corazón de Dios.

El Amor en el Perdón

El amor también es el lugar donde comienza el perdón.

Habrá momentos en la maternidad cuando las palabras salgan más fuertes de lo que se quiso decir o cuando el cansancio apague la calidez. Pero aun así, su amor por sus hijos y el amor de ellos por ella restauran lo que se rompió o se hirió.

El amor le recuerda a la **Mamá Fructífera** que los errores ocurren y que no debe llevar cuenta del enojo o del dolor. Su disposición a soltar las ofensas les da a sus hijos un ejemplo vivo de cómo hacer lo mismo en sus propias vidas cuando llegue el momento.

Con cada acto de amor — ya sea susurrado en oración sobre un hijo dormido, hablado con ternura después de una disculpa o mostrado en el cuidado diario — se planta una semilla en el corazón del niño.

El Amor es una Herencia

La **Mamá Fructífera** llega a entender que su amor tiene peso generacional.

La ternura que muestra hoy se convierte en la compasión que sus hijos recordarán y ofrecerán mañana a sus propios hijos.

Cuando el amor se convierte en el fundamento de la vida, todo lo demás se alinea. La paz llega con más facilidad, el gozo brilla más y la paciencia se vuelve posible.

Su hogar comienza a sentirse como un reflejo del cielo, porque está lleno de Su presencia.

Y así, una **Mamá Fructífera** sigue eligiendo amar, no como un sentimiento, sino como un regalo de Dios que puede pasar a sus hijos.

"Háganlo todo con amor." 1 Corintios 16:14 (NVI)

Cuando el Amor se Siente Perdido

Habrá temporadas cuando el amor se sienta enterrado. No se ha ido... pero está escondido bajo el peso de la vida.

Tal vez tuviste un día en que tu corazón se sintió cansado — ese tipo de cansancio que se nota en la forma en que tu voz tiembla o en cuánto tiempo te quedas en el baño solo para respirar.

Tal vez has estado frente al fregadero con lágrimas subiendo sin saber bien por qué, preguntándote por qué hoy el amor se siente más difícil que ayer. Estos son momentos que nadie ve, pero que forman los lugares más profundos de la vida de una madre.

Muchas veces los días se mezclan entre tareas, y sus manos, que antes se levantaban en oración, ahora están ocupadas tratando de mantenerse firme.

Puede encontrarse de mal humor, cansada o distante.

Su reflejo puede empezar a mostrar el peso de sobrevivir la vida en vez de reflejar la fortaleza de Dios.

Una madre incluso puede preguntarse:

"¿Dónde se fue el amor que tenía por mí misma?" o "¿Por qué ya no me cuido?"

La verdad es que el amor que tenía por sí misma nunca desapareció. Solo se desubicó. Se escondió debajo de las pilas de ropa, en el agotamiento, en la frustración, la decepción y el temor.

Y también se esconde detrás del dolor de ser malinterpretada o al darse cuenta de que cometió errores. A veces se esconde detrás de la falsa creencia de que después habrá tiempo para expresar el cariño.

Pero Dios tiene una manera de despertar el amor en el momento en que Sus manos lo tocan.

Creciendo en Amor Renovado

Volver al camino correcto comienza con gracia, no con culpa.

Dios no espera que las madres nunca fallen. Él espera que aprendan de sus errores y crezcan en Cristo cada día.

Hacer un esfuerzo consciente por recordar poner a Dios primero, y a Quién Él dio por amor a ella, ayudará a poner el amor de una madre en la perspectiva correcta.

Las madres comenzarán a entender que el amor de Dios llenará los espacios donde se sienten débiles. Su misericordia se convertirá en el botón de reinicio para sus corazones.

La **Mamá Fructífera** aprende que la renovación viene de la identidad, no de la intensidad. Viene de descansar en el amor de Dios.

Cuando una madre le entrega sus cargas a Dios, el amor comienza a florecer otra vez. Empieza a iluminar no solo su hogar, sino también su corazón.

Y de ese brillo constante, algo más comienza a levantarse... **el gozo.**

Reflexión Final

Haz una pausa y recuerda: cada acto de amor que das, visto o no visto, siembra algo eterno en el corazón de tu hijo.

Reflexión Personal

Hubo una temporada en mi maternidad en la que creía que amar significaba siempre ser fuerte, siempre estar en control y siempre tener la respuesta correcta. Pero Dios me mostró con ternura que el amor no se demuestra en el perfeccionismo; se demuestra en la presencia.

Algunos de mis momentos más grandes de amor hacia mis hijos no fueron los recuerdos "grandes", sino los sutiles: sentarme a su lado cuando tenían miedo, escuchar cuando estaban frustrados y orar cuando no sabía qué decir.

El amor no se trata de arreglarlo todo. Se trata de ser lo suficientemente fiel para permanecer, aun cuando te sientas débil.

En esos momentos, Dios me recuerda que Su amor sostiene no solo a mis hijos, sino también a mi propio corazón.

Momentos de Reflexión

1. ¿Cómo has experimentado el amor de Dios en la maternidad, tanto en la belleza como en la lucha?

2. ¿Cómo se vería "vestirte de amor" de manera más intencional esta semana?

3. ¿Cómo puedes recordarte que el amor no se pierde cuando la vida se siente pesada, sino que solo está esperando ser recordado?

4. ¿En qué áreas de tu vida diaria sientes que Dios te invita a amar más profundamente, ya sea con paciencia, perdón o compasión?

5. ¿Qué verdad sobre el amor de Dios necesitas abrazar en esta temporada, y cómo puedes recordarla cuando la maternidad se sienta pesada?

Oración por Amor

Padre,

Gracias por confiarme el regalo sagrado de la maternidad.

Llena mi corazón cada día con Tu amor que nunca falla, para que se desborde en cada palabra que hablo y en cada acción que hago.

Cuando me sienta cansada, recuérdame que Tu fuerza me sostiene.

Cuando la frustración suba, ayúdame a suavizar mi tono con gracia.

Cuando tenga la tentación de alejarme, acércame a Ti y devuélveme a mis hijos con ternura y paciencia.

Enséñame a amar no solo en emoción, sino en acción: fielmente, con sacrificio y con gozo.

Ayúdame a recordar que aun en los días difíciles no estoy sola y que soy digna de Tu amor. No permitas que olvide que Tu amor es el fundamento bajo mis pies y el poder dentro de mi corazón.

Haz de mi hogar un reflejo de Tu presencia y permite que el amor, Tu amor, sea el legado que deje en mis hijos.

En el nombre de Jesús,

Amén.

2

EL GOZO: Encontrar Luz en el Caos

No estén tristes, pues
el gozo del Señor
es nuestra fortaleza.

Nehemías 8:10 NVI

Gozo en lo Ordinario

El gozo del corazón de una madre no se encuentra solo en el comportamiento de sus hijos ni en sus propias acciones, sino en su presencia y en su manera de representar a Dios como mujer de fe. Está presente en las cosas simples de cada día y en las rutinas que corren en automático.

Vive entre los momentos que muchas veces pasan desapercibidos: en el ruido del juego, en situaciones inesperadas, en la manita que busca la suya cuando ella quiere un momento de privacidad, y en el suspiro tranquilo al final del día.

El gozo puede esconderse en los gritos de hermanos peleando en una mañana de cansancio. Puede estar entre puertas que se cierran fuerte y juguetes regados. Puede perderse en un clóset desordenado que antes estaba limpio.

El gozo es la luz que sigue brillando, recordándote que la felicidad puede desvanecerse, pero el gozo permanece.

Esto es porque el gozo de Dios siempre está presente en toda ocasión.

No es una emoción pasajera que se la lleva cualquier viento que sopla. Es firme y no se acaba.

Las madres solo necesitan ser más conscientes de la perspectiva con la que deciden mirar la vida cuando están ocupadas o cansadas. El gozo cambia cuando cambia la perspectiva.

Elegir el Gozo Cada Día

Para muchas madres, el gozo se siente fuera de alcance.

Tal vez has tenido mañanas en las que te levantas sintiéndote atrasada, cuando el peso de ayer se mete en hoy antes de que puedas respirar. Tal vez has estado en una cocina en silencio con las manos sobre el mostrador, mirando al vacío, preguntándote por qué el gozo se siente distante aunque amas profundamente a tu familia.

Las demandas de la vida, el cansancio y las decepciones presionan fuerte el corazón y pueden drenar la energía de tu día.

Esos momentos privados, cuando tu sonrisa se siente cansada y tu corazón se siente cargado, son los que hacen que el gozo parezca tan lejos. Y aun así, son precisamente los lugares donde Dios está más cerca.

El gozo es algo que una madre aprende a "ponerse", mirando el mundo con ojos renovados. Nunca fue diseñado para perseguirse. Fue diseñado para escogerse.

Así como el amor abre la puerta a la gratitud, el gozo te ayuda a cruzarla, mostrando las bendiciones que te rodean.

Si haces una pausa para notar las cosas pequeñas, de repente verás que estás más bendecida de lo que pensabas. Y cuando escoges el gozo, comienzas a apreciar todo lo que tienes.

Cambiar tu manera de pensar no cambia las circunstancias en las que vives, pero sí cambia la perspectiva y la actitud que llevas cada día.

El Casco del Gozo

El gozo no solo levanta las emociones de una madre; también las protege. Por eso el gozo se conecta con el Casco de la Salvación. Un casco protege la cabeza, y de la misma manera, el gozo protege la mente. Mantiene sus pensamientos firmes en la verdad y no movidos por las circunstancias.

El enemigo muchas veces ataca primero los pensamientos de una madre:

"Estás fallando."
"Todo el mundo lo está haciendo mejor que tú."

Pero el Casco de la Salvación interrumpe esas mentiras con identidad:

"Tú eres redimida."
"Tú eres escogida."
"Tú le perteneces a Él."

Este casco protege la mente de una madre de pensamientos en espiral y de patrones de desesperanza como la comparación constante, el sobrepensar y los temores imaginados.

Le recuerda que ella es salva, segura y sostenida por Dios, no importa lo que la maternidad le presente. Cuando sus pensamientos se inclinan hacia lo negativo, el casco dirige su mirada a la victoria de Cristo.

El gozo se convierte en una manera de pensar, no en un estado de ánimo. Afirma su mente, fortalece su perspectiva y la protege de las batallas mentales que intentan robarle el gozo.

El gozo no es la ausencia de problemas. Es la calma en medio de ellos, como la quietud en el ojo de la tormenta. Es vivir y experimentar la vida como Dios lo diseñó, aun cuando el cielo se vea gris.

La **Mamá Fructífera** aprende que el gozo no solo se siente... se viste.

Cuando el Gozo No Se Siente Constante

Si alguna vez llegas a un momento en que no sientes gozo constante con tus hijos, no confundas ese sentimiento con fracaso ni te llenes de vergüenza. Tus hijos todavía encuentran gozo en ti, aun cuando tus emociones por momentos lo cubran.

Ellos lo ven en la seguridad de tu presencia, en el consuelo de tu voz y en la constancia de tu cuidado. Aun en esos momentos en que tú te sientes vacía... ellos están siendo llenos.

Con el tiempo, lo que ellos reflejan se convierte en tu recordatorio de que el gozo nunca se fue.

Simplemente se multiplicó a través de ellos.

Gozo que se Multiplica

Esta multiplicación del gozo ocurre entre la madre y el hijo con el paso del tiempo. Se nutre por medio del ánimo, el perdón y la compañía.

La sonrisa de una madre, su risa y su fe en medio de los problemas se convierten en pilares de fortaleza y en la base de recuerdos duraderos que los hijos, ya adultos, querrán transmitir.

Gozo Más Allá de las Circunstancias

Con el tiempo, la **Mamá Fructífera** entiende que el gozo no es algo que el mundo pueda dar ni quitar. Nace de una perspectiva divina.

Es la capacidad de ver luz aun en la sombra, de encontrar risa después del llanto y de descansar sabiendo que cada momento, por más desordenado que sea, es sagrado cuando se rinde a Dios.

El gozo es más que una sonrisa; es un poder que brota cuando ya te sientes sin fuerzas. Es la luz interior que se niega a apagarse por las pruebas.

Puede que no siempre te sientas feliz, pero el gozo no depende de tus emociones ni de lo que tengas o no tengas.

Depende de la gratitud.

Es lo que mantiene tu alma firme cuando tus emociones se mueven. La felicidad puede sacudirse por lo que pasa, pero el gozo permanece por Quién está contigo.

Redefiniendo lo "Suficiente"

El gozo también redefine lo que significa "suficiente".

Le enseña a una madre que aun cuando la casa no esté impecable, el plan no se haya completado o el día termine inconcluso, ella puede estar llena.

No por sus propias obras, sino por su entendimiento de Dios y de cómo Él obra. Su gozo llena los espacios que el esfuerzo humano nunca podría llenar. La **Mamá Fructífera** entiende que Dios llena todo lugar, aun aquellos que quedaron descuidados por las circunstancias.

La Vida a Través del Gozo

Cuando decides vivir la vida a través de los ojos del gozo, todo se ve más brillante.

Las interrupciones se vuelven invitaciones. El ruido se vuelve música. El gozo transforma esos momentos pesados en oportunidades de aprendizaje y gratitud.

Aun así, el cansancio puede caer sobre una madre de repente.

La **Mamá Fructífera** reconoce ese cansancio como el resultado de haber derramado su amor en buena tierra: sus hijos.

Una Oración por el Gozo

Así que, cuando la vida se sienta demasiado ruidosa, pesada o incierta, susurra esta oración:

"Señor, ayúdame a encontrar Tu gozo otra vez. Enséñame a ver luz donde solo veo desorden, paz donde solo siento presión y belleza donde solo noto carga."

Porque el gozo no viene de tener una vida perfecta. Viene de caminar cada día con un Dios perfecto que nunca se va.

Cuando dejas que el gozo eche raíces, comienza a calmar lo que antes se sentía inquieto. La risa que una vez llenó tu hogar ahora se asienta suavemente en gratitud. Y de esa gratitud, algo firme comienza a levantarse... **la paz.**

"Tú me mostrarás la senda de la vida; en tu presencia hay plenitud de gozo."
Salmo 16:11 (NVI)

Reflexión Final

Respira profundo y busca hoy un pequeño momento de gozo... Dios está dispuesto a mostrártelo. ¿Estás dispuesta a reconocerlo?

Reflexión Personal

Antes pensaba que el gozo dependía de que las circunstancias se sintieran tranquilas, ordenadas y predecibles. Pero la maternidad casi nunca se ve así. El gozo me ha sorprendido en los lugares desordenados: en la risa después del llanto, en las conversaciones sencillas en la mesa y en el gozo que surge después de orar cuando nada a mi alrededor ha cambiado, pero algo dentro de mí sí.

Dios me ha enseñado que el gozo no es un estado de ánimo; es una postura del alma. Es recordar que aun en el cansancio, la incertidumbre y las rutinas diarias, Su presencia es mi fortaleza.

El gozo no niega la dificultad. Declara que Dios está conmigo en medio de ella y que tengo acceso a Su gozo porque le pertenezco.

Momentos de Reflexión

1. ¿Cuándo fue la última vez que sentiste gozo puro y qué estaba pasando en ese momento?

2. ¿Cómo sueles reaccionar cuando el gozo se siente lejos? ¿Cómo crees que Dios te está invitando a encontrarlo de otra manera?

3. ¿Has confundido estar ocupada con ser fructífera? ¿Cómo podría bajar el ritmo abrir más espacio para el gozo?

4. ¿De qué maneras la gratitud te ha ayudado a descubrir gozo en tu vida diaria?

5. ¿Cómo podrían tus hijos experimentar gozo a través de ti, aun en los días en que tú no lo sientes?

Oración por el Gozo

Padre,

Gracias por el regalo del gozo — un gozo que no es frágil como la emoción, sino firme en Tu presencia que no cambia.

En los días cuando el ruido me abruma y mi corazón se siente cansado, recuérdame que el gozo no se ha perdido; solo está esperando ser visto otra vez.

Enséñame a hacer una pausa y notar Tu bondad en los momentos simples: la risa, la quietud, las pequeñas misericordias que susurran Tu amor. Ayúdame a escoger la gratitud en lugar de la queja y la presencia en lugar de la prisa.

Cuando la carga se sienta pesada y el gozo parezca lejos, levanta mis ojos hacia Ti, la Fuente de todo buen regalo.

Que Tu gozo me fortalezca, me afirme y se derrame sobre mis hijos para que ellos aprendan lo que significa encontrar luz aun en medio del desorden de la vida.

Llena mi hogar de risa, mi corazón de paz y mis días de Tu presencia.

En el nombre de Jesús,

Amén.

3

LA PAZ: Guardar tu Mente y tu Corazón

La paz les dejo; mi paz les doy...

No se angustien ni se acobarden.

Juan 14:27 NVI

Silencio... es Paz

Toma un momento para imaginar que cierras los ojos mientras te recuestas en un asiento o sofá cómodo, apoyando tu cabeza en una almohada suave.

Por fin te encuentras relajándote en la sensación tranquila de comodidad y en la gran paz que hay en la quietud de tu hogar. Por primera vez en mucho tiempo, recuerdas lo que se siente estar sola.

Das un sorbo a tu café, té o agua y disfrutas el silencio, porque por alguna razón tus hijos no están en casa. El vacío de sonido es tan refrescante que te pierdes en él.

Pero mientras pasa el tiempo, lo que pensabas que era verdadera paz se convierte en anhelo... un anhelo de que tus hijos interrumpan tu calma. No porque te complazca el ruido, sino porque los amas y amas su presencia en tu vida.

Y de alguna manera, todo el alboroto que ellos hacen también te trae paz. Esta paz está en saber dónde están y qué están haciendo... que están seguros.

La **Mamá Fructífera** sabe que la paz no siempre se ve como un día de spa; también puede verse como una madre cantando mientras los platos suenan, risas fuertes y pensamientos que se amontonan por todo el ruido de fondo de los niños jugando.

Porque la verdadera paz no se encuentra en el silencio de un momento ideal, sino en la revelación de que Jesús es el Príncipe de Paz; que Su paz te sostendrá en cualquier tribulación.

La Paz de Dios: Guardia del Corazón

Filipenses 4:7 revela que *"la paz de Dios, que sobrepasa todo entendimiento, cuidará sus corazones y sus pensamientos en Cristo Jesús." (NVI)*

Tener paz no quita tus responsabilidades como madre; te protege mientras las llevas. La paz lo hace posible aun cuando tus pensamientos empiezan a desordenarse.

Solo recuerda que la paz es una decisión de enfoque. Es cambiar la mirada del problema a la Promesa; de la tormenta al Salvador.

Puede que las olas no se detengan de inmediato, pero cuando tu mirada está fija en Jesús, las luchas dentro de ti comienzan a calmarse, aunque primero se sienta en tu corazón antes que en tus circunstancias.

En el Cambio de Perspectiva

Algunas madres tienden a sentirse abrumadas tratando de cumplir sus propios estándares; pierden de vista lo que ya han logrado y se enfocan en preocuparse por lo que les faltó o no pudieron terminar. Esta pérdida de enfoque roba la paz.

Como muchas han experimentado, la maternidad trae mil razones para inquietarse: la seguridad de los hijos, la provisión, la salud, el futuro desconocido. Sin embargo, Dios nunca llamó a las madres a vivir angustiadas. Él las llamó a entregarle todo a Él, para que puedan vivir en Su paz diaria.

Crecer en Dios le enseña a la **Mamá Fructífera** que la paz no es la ausencia de conflicto. Es la presencia de Cris

Caminar en Paz

Su paz no es algo que ella espera; es algo en lo que camina.

Los **Zapatos de la Paz** afirman sus pasos, guían su ritmo y la ayudan a llevar calma a cada lugar donde entra. Cuando el caos se levanta a su alrededor, estos zapatos la afirman en el evangelio para que pueda compartir la Palabra de Dios.

La paz se convierte en su movimiento, no en su escape.

Los **Zapatos de la Paz** ayudan a una madre a dar pasos más suaves con sus hijos, a caminar con paciencia en los días difíciles y a mantenerse firme cuando la vida presiona fuerte.

También permiten que la paz se convierta en su postura y transforman las mañanas apresuradas en oportunidades de gracia.

Los **Zapatos de la Paz** le recuerdan a la **Mamá Fructífera** que ella no está caminando hacia la paz; está caminando desde la paz que ya lleva dentro, mientras lleva el Evangelio a cada paso.

Mientras más una madre camina en paz, más deja huellas de calma y dirección para que sus hijos las sigan.

Practicar la Paz

La paz no simplemente sucede; se practica.

A veces la paz se ve como un respiro profundo cuando cierras los ojos por tres segundos antes de responder. A veces es escoger el silencio en lugar de discutir o la risa en lugar de la irritación. A veces la paz es una oración interna al Señor en vez de tratar de arreglar lo que no te toca arreglar.

Estas pequeñas decisiones se convierten en hábitos sagrados que le dan la bienvenida a la paz en el ritmo diario de la maternidad.

La **Mamá Fructífera** llega a entender que la paz no se encuentra en las circunstancias, sino en la confianza de saber Quién sostiene todo cuando ella no puede.

Cuando una madre le da espacio al Dios de paz para obrar, se da cuenta de que la paz no es el resultado de su ambiente; es el resultado de confiar en Aquel que la produce.

Tus hijos aprenden a confiar no porque la vida sea fácil o difícil, sino porque te ven afirmada en Alguien más grande que la vida misma.

Cuando la Paz Se Sacude

También habrá momentos en que tus hijos te sacarán la paz de momento con sus palabras, decisiones o interrupciones — causando una frustración inesperada que se va acumulando...

Y de repente... ¡boom! Sale una explosión de emociones sin control.

Solo hizo falta una cosa más: una rabieta, una discusión, algo que se derramó o una puerta que se cerró con coraje por un hijo que no quiere obedecer.

En esos momentos, recuerda esto: la paz no se fue; solo se desubicó. Los sentimientos pasan, pero cuando las emociones se encienden, el Espíritu de Dios permanece igual.

La **Mamá Fructífera** decide no perderse en el aumento momentáneo de la frustración, sino respirar y recordar Quién camina a su lado.

Como madre, entiende que también habrá días en que sentirás que perdiste la paz por completo, y las lágrimas se mezclarán con tus oraciones y pensamientos. Pero esto también pasará, mientras haces el esfuerzo de recordar quién eres en Cristo.

Solo en Él puedes mantenerte firme en la soberanía de Dios, porque la paz no es una condición. Es una Persona.

La paz del mundo depende de las circunstancias; la paz de Dios depende de tu conexión con Él.

Jesús dijo:

"La paz les dejo; mi paz les doy. Yo no se la doy a ustedes como la da el mundo. No se turbe su corazón ni tenga miedo."

Juan 14:27 (NVI)

Mantente conectada y Su paz será tuya.

Paz que Protege

La paz también es un arma; una de las más subestimadas en la armadura espiritual de una madre.

Efesios 6:15 nos dice que tengamos *"los pies calzados con la disposición que proviene del evangelio de la paz".*

Estos no son zapatos de comodidad; son botas de guerra.

Cuando estas botas están puestas, le permiten a una madre mantenerse firme cuando las pruebas intentan invadir su hogar. Cuando ella escoge la paz, se niega a dejar que el temor o la frustración dirijan sus pasos.

La paz le da tracción en terreno resbaloso. La mantiene firme cuando el enemigo intenta hacerla tropezar.

Cada acto de humildad, cada palabra hablada con calma en lugar de gritar, cada decisión de confiar en vez de entrar en pánico es una postura espiritual de victoria.

La paz no es pasiva. Es activa — una fuerza vencedora que silencia al enemigo y restaura el orden en tu familia.

Lamentablemente, el mundo solo ve la paz como calma, pero en realidad es una fuerza guiada por fe y poder. En las manos de Dios, la paz es fuerte: protege, fortalece y sostiene.

Estas botas no están hechas de debilidad, sino de sabiduría. No son para retroceder, sino para estar listas. Son para avanzar y defender lo que Dios ha prometido que es tuyo.

Ondas de Paz

La misma paz que cultivas dentro de tu espíritu se convierte en la paz que tus hijos llevan a sus propios mundos. Ellos recordarán el sonido de tu voz firme cuando la vida se sienta ruidosa. Recordarán cómo escogiste la paciencia en lugar del enojo y del juicio.

La paz, como el amor, tiene un efecto que se expande y dura más que el momento.

Así que toma nota: el enemigo no puede prosperar donde la paz permanece. Por eso intenta tanto perturbarla.

Él no necesita destruir tu hogar; solo necesita distraer tu mente. Pero la **Mamá Fructífera** se mantiene firme, sabiendo que cada vez que escoge la paz, le niega al enemigo acceso a su espíritu y a su hogar.

La paz equipa su camino y afirma su postura. La mantiene avanzando cuando todo alrededor intenta halarla hacia atrás a un lugar de duda y frustración.

Recuerda: el mismo Dios que calmó el mar sigue siendo el mismo hoy.

Entrégale todo pensamiento ansioso que intente robar tu paz.
Que tu confianza en Dios se convierta en un altar que pongas a Sus pies.

Paz que Permanece

Tener paz no significa que todo esté completamente en orden. Significa que ya no estás controlada por el ambiente agitado que te rodea.

Significa que has aprendido a encontrar quietud en medio de la dificultad, confianza en la rendición y fortaleza en Aquel que nunca cambia.

"Tú guardarás en perfecta paz a aquel cuyo pensamiento en ti persevera, porque en ti ha confiado."
Isaías 26:3 (NVI)

La paz no se trata de lo que te rodea; se trata de lo que te sostiene.

Cuando confías en Dios con cada parte de tu corazón, Él guarda tu vida con toda Su paz.

Y desde esa calma segura, algo hermoso comienza a crecer con la perseverancia.

La perseverancia es la paz extendida a través del tiempo; la prueba de que lo que sembraste en quietud florecerá en la temporada perfecta de Dios. Es el desarrollo lento de la confianza, la disposición de esperar mientras Dios obra a tu favor.

Así como la paz afirma el corazón, la fortaleza afirma el espíritu.

Porque donde la paz te enseña a estar quieta, la fortaleza te enseña a permanecer.

Es la resistencia silenciosa que dice: "No voy a apresurar lo que Dios todavía está escribiendo."

Y desde esa espera, el próximo fruto comienza a tomar forma... **la paciencia.**

Reflexión Final

Deja que la paz repose sobre ti como una cobertura suave; Dios guarda lo que pones en Sus manos.

Reflexión Personal

Antes sentía que la paz era algo que tenía que perseguir, algo frágil que podía escaparse en cualquier momento. Con el tiempo, he aprendido que la paz tiene menos que ver con lo que pasa a mi alrededor y más con en Quién estoy descansando.

Ha habido momentos en que el miedo ha presionado fuerte y la ansiedad ha querido tomar control, pero Dios ha susurrado calma a mi corazón cuando decido confiar en Él. La paz se ha convertido en mi recordatorio de que no tengo que cargar con todo; solo tengo que ponerlo todo en las manos de Dios.

Y en esa rendición, mi alma vuelve a respirar.

Momentos de Reflexión

1. ¿Qué cambiaría en tu hogar si la paz fuera tu primera respuesta en lugar de tu último recurso?

2. ¿Cómo ven y aprenden tus hijos la paz a través de tus reacciones, tu tono o tus rutinas?

3. ¿Qué preocupaciones todavía estás tratando de cargar sola que Dios te ha pedido que pongas en Sus manos?

4. ¿Cómo se ve "ponerte los Zapatos de la Paz" en tu vida diaria?

5. ¿Cómo podría la rendición, y no el control, traer más calma a tu corazón y a tu hogar?

Oración por la Paz

Padre,

Gracias por ser el Dios que habla "Paz, quédate quieta" sobre cada tormenta en mi vida y en mi hogar.

Cuando mi mente se siente llena y mi corazón se pone pesado, ayúdame a recordar que la paz no se encuentra en la perfección ni en el control, sino en rendirme a Tu presencia.

Enséñame a respirar antes de reaccionar, a orar antes de entrar en pánico y a descansar en la verdad de que Tú estás más cerca que cualquier pensamiento de ansiedad.

Guarda mi corazón del miedo, mi mente del caos y mi espíritu del afán. Ayúdame a crear un refugio de calma para mis hijos, no por mi propia fuerza, sino por Tu Espíritu obrando con suavidad dentro de mí.

Que Tu paz repose sobre mi hogar como una manta de gracia y recuérdame cada día que el mismo que sostiene el universo también me sostiene a mí.

En el nombre de Jesús,

Amén.

4

LA PACIENCIA: Confiar en un Florecer Lento

Pon tu esperanza en el Señor;

ten valor, cobra ánimo;

¡pon tu esperanza en el Señor!

¡Pon tu esperanza en el Señor!

Salmo 27:14 NVI

Paciencia en la Espera

En el contexto bíblico, la paciencia es sufrir con perseverancia, resistir y esperar fielmente sin ansiedad ni enojo. Es aprender a no reaccionar rápido y saber controlar la lengua.

Como muchas han experimentado, controlar la reacción ante cualquier situación requiere práctica, especialmente cuando la otra persona no controla la suya. No tienes control sobre los demás, pero sí tienes control sobre cómo reaccionas y cómo interactúas con ellos.

Como madres, la paciencia puede perderse en cualquier momento y por cualquier razón. Puede ser lo primero o lo último que se vaya. De cualquier manera, las madres deben practicar con todo su corazón para mantenerse firmes en la paciencia.

Las madres necesitan ejercitar la paciencia constantemente.

Esta práctica desarrolla tu confianza y tu disposición para esperar en el Señor mientras Él obra a tu favor.

Cuando el Progreso Parece Invisible

El mundo de una madre está lleno de espera... esperar que crezcan los pequeños pies, que los corazones entiendan, que las oraciones sean contestadas.

Sin embargo, en la espera, Dios está haciendo Su obra más transformadora. Él forma el espíritu de una madre no a través de lo que sucede rápido, sino por medio de lo que toma tiempo.

Su paciencia en ti es prueba de que estás madurando en tu caminar con Dios, aun si estás luchando con ello y aun si al principio no lo ves.

Donde la paz te enseña a descansar en Dios, la paciencia te enseña a mantener firmes tus palabras y acciones. Es el arte santo de confiar en Dios.

La paciencia es una fe protegida; la confianza tranquila de que Dios está obrando aun cuando una madre no ve nada cambiar.

El **Escudo de la Fe** la protege de los dardos ardientes de la impaciencia, la frustración y el desánimo. Cada vez que decide no explotar, no apresurarse, no adelantarse a Dios, ella levanta ese escudo.

La paciencia se convierte en un acto de confianza, una declaración de que el tiempo de Dios es más sabio que su prisa.

Con el escudo levantado, aprende a respirar, esperar y creer que las semillas invisibles siguen creciendo debajo de la superficie.

La Obra Invisible de Dios

La paciencia no es pasiva; es una disciplina de fortaleza espiritual. Es mantenerte firme cuando nada parece moverse, creyendo que raíces invisibles se están profundizando aun cuando no se ven flores.

La **Mamá Fructífera** entiende que la paciencia no es resistir por resistir; es creer. Cada demora, cada "todavía no", se convierte en un espacio sagrado donde la confianza madura y la dependencia en Dios crece más fuerte.

Cuando una madre ora y no ve cambios inmediatos en su hijo, en su matrimonio o en sus circunstancias, la paciencia susurra: "Dios todavía está obrando, mantente firme en Su Palabra."

Le recuerda que el tiempo de Dios es perfecto, sin importar cuánto parezca tardar. Ella no puede controlarlo. Así como una semilla no puede apresurar su floración, tampoco puede apresurar el plan de Dios.

La espera no es pérdida de tiempo; la está preparando para la cosecha y enseñándole a aceptar la voluntad de Dios, sin importar el resultado.

La paciencia crece en las pausas... en las noches largas, en las oraciones sin respuesta y en los momentos cuando la ansiedad intenta hacerla fallar en sus responsabilidades o en su actitud. Crece cuando ella decide permanecer en la Palabra de Dios, sin importar las circunstancias.

La paciencia no elimina el dolor ni la presión; cambia la manera en que caminamos a través de ellos. Convierte la tensión en confianza y la demora en devoción.

Temporadas Lentas que Humillan

Hay algo sagrado en las temporadas lentas... esos espacios intermedios donde el progreso parece invisible y las oraciones tardan más de lo esperado. No son señales de la ausencia de Dios, sino invitaciones a una relación más profunda con Él.

La paciencia es el salón donde la fe aprende a crecer. Es donde las manos de la madre, acostumbradas a arreglar todo, finalmente descansan lo suficiente para que las manos de Dios se muevan.

Dios invita a las madres no a apretar más fuerte, sino a soltar sus preocupaciones. La confianza abre la puerta para que Él obre.

Paciencia en un Mundo Acelerado

En el mundo de hoy, la paciencia se ha convertido en uno de los frutos más difíciles de mantener.

La vida va más rápido que nunca: horarios llenos de actividades escolares, deportes y citas médicas; comidas pedidas y compras entregadas en minutos; respuestas encontradas al instante con solo tocar una pantalla. La conveniencia ha reemplazado el proceso lento que antes nos enseñaba a esperar. Y en esa rapidez, algo sagrado se ha ido debilitando... nuestra paciencia.

Vivimos en una sociedad que premia la rapidez y mide el valor por la productividad. Pero el Espíritu crece en la dirección opuesta: en el tiempo de Dios, en lo invisible, en lo rendido.

La **Mamá Fructífera** debe recordar que rápido no siempre significa productivo. Lo que florece rápido muchas veces se marchita rápido, pero lo que crece despacio echa raíces profundas que pueden resistir cualquier situación.

La **Mamá Fructífera** llega a entender que la impaciencia muchas veces nace del miedo; miedo de que el tiempo se acabe, de no estar haciendo lo suficiente o de que las cosas no salgan bien.

Pero la paciencia desarma el miedo al recordarle que Dios nunca llega tarde.

Él es el Guardián del tiempo y el Autor del crecimiento. Cada segundo rendido a Él se convierte en tierra santa donde la paz y la fe se unen.

Cuando la Paciencia se Siente Imposible

Habrá días en que la paciencia se sienta inalcanzable, cuando el enojo sube, cuando el progreso parece invisible, cuando los hijos prueban los límites o cuando la vida se siente injusta.

En esos momentos, la paciencia no es fingir que todo está bien mientras limpias lágrimas escondidas en silencio.

Es decidir no quejarte.

A veces la paciencia se siente como mirar un amanecer entre la neblina; sabes que la luz viene, pero la bruma no te deja verla bien. Aun así sigues mirando, porque la fe te dice que está ahí.

La maternidad es muy parecida. Esperas en días largos y noches apresuradas, confiando en que la luz de la fidelidad de Dios brillará a su tiempo, y orando para que el cansancio no borre de tu memoria Su sabiduría.

La paciencia también protege el amor de apagarse y el gozo de secarse. Une lo que es con lo que será.

Una **Mamá Fructífera** les enseña a sus hijos a resistir, a tener esperanza y a confiar en un Dios cuyos planes son buenos, aun cuando no se entienden.

Es entender que ella es sostenida por la fuerza de Dios. Es saber que un día verá el fruto de todo aquello en lo que creyó.

Confiar en el Tiempo de Dios

Santiago 5:7 nos recuerda:

"Tengan paciencia, hermanos y hermanas, hasta la venida del Señor. Fíjense cómo el agricultor espera que la tierra dé su precioso fruto, aguardando con paciencia las lluvias tempranas y tardías." (NVI)

Como el agricultor, la **Mamá Fructífera** debe confiar en que lo prometido sucederá, no en su tiempo, sino en el de Dios.

Su tarea no es forzar la flor, sino cuidar la tierra con constancia y fe. La tierra son sus hijos, los corazones tiernos que Dios puso bajo su cuidado, para regarlos con oración, nutrirlos con paciencia y confiar en que Él dará el crecimiento a Su tiempo.

Así como el agricultor confía en el ritmo de las estaciones, la madre debe confiar en el ritmo del tiempo de Dios en su hogar. Cada temporada tiene un propósito: la lluvia temprana ablanda la tierra y la lluvia tardía trae la cosecha.

La paciencia le enseña a valorar ambas.

La Paciencia como Adoración

La paciencia es el paso lento entre la promesa y el cumplimiento. Es la confianza tranquila de que cada demora tiene un propósito divino.

Mientras el mundo corre hacia resultados rápidos, la **Mamá Fructífera** camina al paso del cielo, sabiendo que el crecimiento en sus hijos y en ella misma toma tiempo.

Las mismas manos que sostienen a sus hijos sostienen también las temporadas de su vida, restaurando y acomodando el tiempo a favor de su fidelidad.

Y cuando se sienta cansada en la espera, cuando el progreso parezca invisible, Dios le susurra:

"No nos cansemos de hacer el bien, porque a su debido tiempo cosecharemos si no nos damos por vencidos." Gálatas 6:9 (NVI)

La paciencia no solo espera; espera bien.

Espera con adoración, con gratitud, con fe afirmada en un Dios fiel. No se trata solo de aguantar el tiempo, sino de abrazar la transformación.

La paciencia recoge todos los frutos anteriores — amor, gozo y paz — y los extiende en una resistencia duradera. El amor le da motivo, el gozo le da fuerza y la paz le da calma.

Juntos forman a una madre que persevera con gracia porque Dios es bueno.

Paciencia que Forma un Legado

En el corazón de una madre paciente vive la confianza tranquila de que Dios está escribiendo algo hermoso, no solo en la vida de sus hijos, sino también en la suya.

Cada demora la refina, cada pausa la transforma, cada oración sin respuesta profundiza su confianza.

La paciencia no solo hace crecer algo a su alrededor; hace crecer algo dentro de ella... una fortaleza que no se mueve cuando la vida se mueve.

En la maternidad, la paciencia es la fuerza suave que convierte los días ordinarios en oportunidades sagradas.

Le enseña a reflexionar antes de corregir, a orar antes de reaccionar y a confiar antes de entender.

Y cuando la paciencia madura, da a luz algo fuerte y duradero... **la bondad.**

Porque la bondad es lo que la paciencia parece cuando toca a otros.

Reflexión Final

La paciencia florece lentamente y necesita practicarse con intención. Confía en que Dios está haciendo crecer algo hermoso en ti, aunque todavía no lo puedas ver.

Reflexión Personal

La paciencia ha sido uno de los frutos más difíciles de desarrollar en mí. Hubo días en que deseaba que el cambio llegara más rápido — en mis hijos, en mis circunstancias y hasta en mí misma. Pero Dios ha usado las temporadas de espera para formarme profundamente.

Él me recordó que la espera no es pérdida de tiempo cuando se pone en Sus manos. Algunas de las cosas más hermosas de la maternidad toman tiempo, y algunas oraciones florecen despacio.

La paciencia se ha convertido en la invitación de Dios para confiar más en Él que en mis propios planes, para respirar en vez de apresurarme y para creer que Su tiempo no solo es correcto... es amoroso.

Me ha enseñado que el tiempo de Dios es perfecto.

Momentos de Reflexión

1. ¿En qué área de tu vida Dios te está pidiendo que esperes con paciencia en vez de preocuparte?

2. ¿Qué pequeñas decisiones diarias podrían ayudarte a "esperar bien" en lugar de cansarte?

3. ¿Cómo la paciencia cambia la manera en que respondes a tus hijos, especialmente en los días difíciles?

4. ¿Cómo sería ver la espera no como retraso, sino como preparación divina?

5. ¿Cómo podría Dios estar fortaleciendo tu paciencia a través de lo que se siente lento, silencioso o incompleto en esta temporada?

Oración por la Paciencia

Señor,

Gracias por caminar conmigo en cada momento que me estira y en cada temporada que me hace ir más despacio.

Cuando mis planes se atrasan, mis fuerzas se debilitan y mi paciencia se pone a prueba, enséñame a no apoyarme en mi propia capacidad, sino en Tu gracia que nunca falla. Ayúdame a respirar antes de reaccionar, a escuchar antes de corregir y a confiar antes de preocuparme.

Enséñame a ser lenta para hablar y abierta para entender.

Recuérdame que la paciencia no es pasiva; es adoración en movimiento, fe visible y amor que decide esperar. Forma mi corazón para esperar con esperanza, responder con mansedumbre y descansar sabiendo que Tú siempre estás obrando, aun cuando no lo veo.

Fortaléceme en mi maternidad para que mis hijos vean la paciencia no como debilidad, sino como perseverancia afirmada en Ti.

Señor, haz crecer en mí un espíritu lento para la ira y rico en compasión, y que Tu paz me afirme en los momentos cuando me sienta apresurada, abrumada o deshecha.

Rindo mi tiempo al Tuyo.

Enséñame a esperar bien, a perseverar con gracia y a confiar en que cada demora en Tus manos está llena de propósito.

En el nombre de Jesús,

Amén.

5

LA BENIGNIDAD: El Amor en Movimiento

Sean bondadosos y compasivos,

y perdónense mutuamente, así como

Dios los perdonó a ustedes en Cristo.

Efesios 4:32 NVI

Lo que Realmente es la Benignidad

La benignidad es lo que el amor parece cuando se vive en voz alta. Es compasión puesta en acción; la fuerza suave que escoge ternura en vez de tensión, gracia en vez de resentimiento.

Para la **Mamá Fructífera**, la benignidad no es una reacción; es un reflejo de Aquel que es infinitamente benigno con ella.

Benignidad que Cambia Ambientes

La benignidad comienza donde termina la impaciencia. Es la respuesta respetuosa que calma el enojo, el oído dispuesto que restaura la paz y el tono suave que le recuerda a tu hijo que está seguro aun después de la corrección.

La verdadera benignidad no depende de cómo actúen los demás; fluye de quién es Dios dentro de ti. Es el poder silencioso que convierte los días comunes en momentos sagrados.

Efesios 4:32 dice:

"Sean benignos y compasivos unos con otros, y perdónense mutuamente, así como Dios los perdonó a ustedes en Cristo." (adaptado NVI)

Este versículo se convierte en el lema silencioso de una madre. Lo aplica con sus hijos y también lo recuerda para sí misma cuando sus hijos hacen lo que no deben hacer.

La Benignidad no Significa Debilidad

Es el valor de mantenerse tierna en un mundo duro, de sostener la verdad en una mano y la misericordia en la otra. Es corregir sin destruir, escoger empatía en vez de irritación y recordar que cada persona, incluso su hijo, está en proceso, igual que ella.

La benignidad no es suavidad sin límites. Es fortaleza envuelta en verdad.

El **Cinturón de la Verdad** mantiene a la madre firme, centrada y alineada cuando las emociones intentan moverla. La benignidad guiada por la verdad tiene límites, claridad y propósito.

Le permite hablar con ternura sin permitir lo incorrecto, corregir con amor sin herir y mantenerse firme sin ser dura.

Cuando ajusta este cinturón cada día, afirma su corazón en la honestidad, su tono en la gracia y sus acciones en la sabiduría de Dios.

La verdad fortalece la benignidad para que sea tierna y también confiable.

Benignidad en Acción

A veces la benignidad es hablar con suavidad en lugar de ser directa. Otras veces es saber cuándo permanecer en silencio mientras otros se exaltan, eligiendo no responder con represalias cuando alguien provoca contienda.

Es una comida preparada con amor cuando la familia olvida decir gracias. Es orar por un hijo que se ha cerrado en lugar de intentar controlarlo.

La verdadera benignidad no es reactiva; es reflectiva. Refleja el corazón de Cristo: paciente, misericordioso e inquebrantablemente bueno.

A medida que la Madre Fructífera continúa creciendo, se vuelve más consciente de que permanece en Su presencia, y esto permite que la benignidad fluya con mayor naturalidad. No es algo que ella fabrica; es algo que se desborda por medio del Espíritu de Dios dentro de ella.

Esto no es una sugerencia para cuando la vida está tranquila; es un llamado para cuando la vida se siente turbulenta. La benignidad tiene la fuerza de aquietar temporadas difíciles cuando las palabras no alcanzan.

En los momentos en que la benignidad parece difícil de encontrar porque las emociones están intensas, recuerda: fuiste creada a imagen de Dios y tienes dominio sobre las palabras y expresiones que salen de tu boca.

En esos momentos, las acciones que eliges mostrar tienen el mayor poder. Revelan lo que hay dentro de tu corazón.

La benignidad también restaura lo que la dureza rompe. Una palabra benigna puede deshacer horas de tensión; un acto de gracia puede reparar lo que la impaciencia desgastó. La benignidad reconstruye puentes que la frustración incendia.

"Porque de la abundancia del corazón habla la boca."
Mateo 12:34 (NVI)

Modelando la Benignidad en Casa

En la maternidad, la benignidad muchas veces se ve en cosas que nadie nota: limpiar el mostrador otra vez, perdonar la misma falta o presentarte cuando preferirías descansar. Es trabajo que otros no ven, pero el cielo sí lo ve.

Dios valora cada acto de amor hecho en Su nombre, aun el más pequeño.

Cuando una madre escoge la benignidad en vez del resentimiento ante la desobediencia de su hijo, su espíritu se convierte en instrumento de sanidad, no solo para ella, sino para los que la rodean.

En esos momentos, la benignidad es una decisión de fortaleza, no de debilidad. Se necesita valor para mantenerse tierna cuando te sientes agotada, para callar cuando quieres gritar y para servir cuando quisieras retirarte.

Y es justamente ahí cuando la **Mamá Fructífera** más se parece a Cristo.

Colosenses 3:12 nos recuerda:

"Revístanse de compasión, benignidad, humildad, mansedumbre y paciencia." (adaptado NVI)

Vestirte de benignidad es hacerla tu cobertura. No es un estado de ánimo, es una forma de pensar. Es la manera en que caminas, hablas y respondes.

Benignidad en un Mundo Áspero

Hoy en día, la benignidad se ha vuelto algo raro. Ha sido reemplazada por enojo rápido, palabras duras y corazones apresurados.

La tecnología ha acelerado la comunicación, pero ha disminuido la compasión. El internet hace más fácil decir cosas que nunca se dirían cara a cara, escondidos detrás de una pantalla.

Las palabras se lanzan sin pensar y las opiniones se publican sin gracia. La distancia entre las personas — especialmente cuando los teléfonos y pantallas crían más que las conversaciones — ha endurecido corazones y apagado la empatía.

En una cultura donde la satisfacción personal pesa más que el dominio propio, la benignidad parece extraña.

La sensibilidad hacia los demás casi ha desaparecido, pero la **Mamá Fructífera** tiene un llamado diferente: traer suavidad a lugares duros.

Su respuesta benigna se convierte en una ola que va en contra de la crueldad y envuelve a sus hijos en una luz que suaviza lo que el mundo endurece, recordándoles que la benignidad todavía tiene poder para sanar lo que la maldad rompe.

Modelando la Benignidad en el Hogar

La benignidad les enseña a los hijos cómo se siente la misericordia.

Les muestra que ser fuerte no significa ser ruidoso, y que tener la razón no significa ser insensible. Aprenden por el ejemplo de su madre que la benignidad no es para recibir crédito; es para formar carácter y cuidar a otros, aun cuando no lo merezcan.

La **Mamá Fructífera** sabe que la benignidad comienza en casa, pero no se queda allí. Se extiende al maestro, al vecino y al desconocido en la tienda. Sus hijos notan cuando ella se detiene para escuchar, ayuda sin buscar reconocimiento u ofrece una palabra de bendición en lugar de una queja.

Esos momentos son semillas plantadas en sus corazones. Les enseñan que la benignidad no es para llamar la atención, sino para dejar un impacto eterno.

Cuando llegue a la vejez, una madre espera que sus hijos le muestren el mismo amor y cuidado que ella les dio mientras los criaba. Y si reconoce que no siempre fue todo lo que pudo haber sido, puede confiar en Dios y pedir perdón por sus errores.

Dios restaura, ablanda corazones que se habían endurecido y puede volver a unir familias. Con benignidad, eso es más que posible.

Ser Benigna Contigo Misma

A veces las madres pueden ser muy críticas consigo mismas; se juzgan en silencio por no ser suficientes, no hacer suficiente o no cumplir con sus propias expectativas.

La misma voz que calma a su hijo en momentos de miedo o confusión también debe aprender a calmar su propio corazón. La misma compasión que ofrece tan libremente a otros debe dirigirla hacia sí misma, recordando que la gracia que no se recibe no puede fluir con libertad.

Para caminar en esta benignidad, una madre debe permitir que la ternura de Dios alcance los lugares dentro de ella que aún creen que tienen que ganarse Su amor. Debe apoyarse en la paciencia para permanecer en Su benignidad.

Benignidad: El Hilo que Une los Frutos

La benignidad es el pegamento invisible que mantiene unidos el amor, la paciencia y la paz.

Es como el agua para la tierra del alma: silenciosa, constante, invisible, pero esencial para que los demás frutos crezcan. Es lo que convierte la fe en fruto. No es ruidosa ni orgullosa, pero su impacto es duradero.

El tono de la benignidad puede quedarse en el corazón mucho después de que las palabras se hayan ido. Se convierte en la melodía que sus hijos algún día repetirán en sus propios hogares.

Pequeñas Benignidades que Hacen Gran Diferencia

La benignidad no tiene que ser mutua; solo necesita que una persona decida practicarla. Un solo acto de gracia puede cambiar todo el ambiente de un lugar, especialmente de un hogar.

La benignidad se extiende como fuego que da calor, tocando corazones con cada gesto, cada sonrisa, cada oración y cada pausa que se convierte en un mensaje de gracia sin palabras.

Cuando una madre se agacha al nivel de su hijo para corregir con amor en vez de juicio, refleja el corazón del Padre: firme, pero lleno de misericordia. Su voz se convierte en eco de gracia que enseña, sana y guía.

Cuando escoge la benignidad una y otra vez, esta se vuelve su lenguaje de amor, su ritmo de fe y su ministerio al mundo. Porque la benignidad, cuando echa raíces, no deja de crecer.

Se extiende y se convierte en bondad en acción. Crece como enredaderas suaves alrededor de los corazones, acercando a otros e inspirándolos a ofrecer la misma benignidad que recibieron.

La compasión de Dios no es debilidad; es sabiduría.

Ve más allá del comportamiento y alcanza el corazón.

Su benignidad es lo que mantiene vivo el amor en temporadas difíciles.

Es la mano que se extiende después de una discusión, la nota en la lonchera que dice, "Creo en ti," la gracia que dice, "Vamos a empezar de nuevo."

Son los pequeños gestos sagrados que susurran: "Te veo, y decido amarte de todas formas."

Benignidad en la Disciplina

Aun en la disciplina, la benignidad guía. No ignora la verdad; la comunica con ternura. No justifica lo incorrecto; ofrece restauración.

Proverbios 31:26 dice:

> *"Habla con sabiduría, y la enseñanza fiel está en su lengua." (NVI)*

La benignidad de una madre es el lenguaje que sus hijos recordarán cuando crezcan.

La benignidad es amor refinado por la paciencia y expresado a través de la paz.

Es lo que le da rostro al amor y sonido a la paz. Suaviza los bordes duros de la vida familiar, convirtiendo la corrección en conexión y el desorden en compasión. Transforma la obligación en alegría, porque cambia el enfoque de lo que haces a cómo lo haces.

La **Mamá Fructífera** sabe que su benignidad tiene peso generacional.

Las palabras que declara sobre sus hijos (palabras de bendición, fe y gracia) forman la manera en que ellos se ven a sí mismos y a los demás.

Una sola palabra benigna puede cambiar el rumbo de un corazón desanimado, restaurar un momento roto o transformar un recuerdo familiar.

Benignidad que Deja Legado

La benignidad permanece aun después de que el momento pasa.

Resuena en el corazón como un eco de misericordia, repetido en la vida de quienes la recibieron. Y en ese eco, algo comienza a crecer: paciencia, mansedumbre y fortaleza. Es la bondad de una madre.

Porque la benignidad, cuando se vive plenamente, se convierte en **bondad** en acción... el próximo fruto de una vida profundamente arraigada en Dios.

Reflexión Final

La benignidad no necesita circunstancias perfectas para valer.
Una palabra suave hoy puede cambiar el ambiente de tu hogar mañana.

Reflexión Personal

Hubo momentos en que pensaba que la benignidad era solo ser amable con los demás, pero me costaba mostrarla conmigo misma. La maternidad puede ser exigente, y es fácil volverse dura con una misma.

Dios tuvo que enseñarme que la benignidad comienza en mis propios pensamientos. Cuando aprendí a recibir Su gracia, pude ofrecer gracia a otros con más facilidad. La benignidad es evidencia de compasión. Es escoger suavidad cuando el mundo espera dureza. Es la manera en que Dios nos recuerda tratar a los demás como queremos ser tratados.

Momentos de Reflexión

1. ¿Cuándo fue la última vez que la benignidad de alguien cambió el rumbo de tu día? ¿Cómo puedes ofrecer ese mismo regalo a alguien esta semana?

2. ¿Hay momentos en que la benignidad se siente más como sacrificio que como algo fácil? ¿Cómo sería ver esos momentos como oportunidades de fortaleza en vez de carga?

3. ¿Cómo puedes modelar benignidad en tu hogar cuando la frustración o el cansancio intentan dominar tus palabras o acciones?

4. ¿Has sido más benigna con otros que contigo misma últimamente? ¿Cómo puedes extender la gracia de Dios a tu propio corazón hoy?

5. ¿Dónde podría Dios estar invitándote a mostrar una benignidad que sane en tu familia, amistades o incluso hacia alguien difícil de amar?

Oración por la Benignidad

Señor,

Haz mi corazón tierno y mis palabras suaves. Enséñame a ver a los demás con Tus ojos, especialmente cuando la frustración sube y la paciencia se debilita.

Ayúdame a escoger benignidad cuando sea incómodo, cuando nadie lo note o cuando no sea correspondida. Que la compasión guíe mi tono, que la gracia afirme mis reacciones y que la misericordia suavice mis juicios.

Llena mi hogar con un espíritu de benignidad que restaure, reconstruya y dé seguridad.

Que mis hijos aprendan por mi ejemplo que la verdadera fortaleza no es ruidosa, sino amorosa; no es dura, sino fiel.

Donde la irritación quiera quedarse, planta benignidad.
Donde la impaciencia quiera crecer, planta entendimiento.
Donde el orgullo quiera hablar primero, enséñame humildad.

Señor, que la benignidad sea mi instinto, mi lenguaje y mi legado. Que refleje Tu corazón en cada palabra y en cada acto de amor.

Haz mis manos suaves, mi corazón cálido y mi presencia un recordatorio de Tu bondad.

Que otros puedan verte en mí.

En el nombre de Jesús,

Amén.

6

LA BONDAD: Hacer lo Correcto Cuando Nadie Está Mirando

No te dejes vencer por el mal;
al contrario, vence el mal con
el bien.

Romanos 12:21 NVI

Cuando Ser Buena Te Cuesta

La bondad es el valor silencioso que escoge lo que honra a Dios por encima de lo que agrada al momento. Es la benignidad fortalecida por convicción, la compasión guiada por propósito y el amor vivido con fidelidad en la soledad de tu mente.

Para la **Mamá Fructífera**, la bondad no se trata de aparentar.

Se trata de que su actitud esté alineada con el corazón de Dios.

La bondad es el giro diario del corazón de una madre hacia lo correcto, aun cuando se siente cansada. Se manifiesta en verdades habladas con misericordia y se demuestra en el perdón antes de que el resentimiento eche raíces.

Esta bondad rara vez se anuncia, pero se convierte en la estructura invisible de su hogar.

Tal vez sus hijos no entiendan ahora su profundidad, pero la estabilidad que sienten está formada por la justicia silenciosa que ella practica cuando nadie la ve.

La bondad crece en lo oculto, pero da fruto en toda temporada.

Bondad en los Lugares Ocultos

La bondad significa vivir con integridad; ser la misma persona en la quietud de tu casa que en la presencia de otros.

En un mundo que valora más la imagen que la integridad, la bondad se convierte en resistencia sagrada. Es la decisión de estar arraigada en Dios en vez de impresionar a los demás. Es autenticidad en lugar de buscar beneficio personal.

Los hijos absorben la verdad antes de poder explicarla. Observan cómo su madre responde al estrés, cómo habla cuando nadie más escucha y cómo ora cuando su mente está agotada. Ven si su devoción del domingo se refleja en sus decisiones del lunes.

La constancia de una madre se convierte en un sermón silencioso; uno que ellos leen con los ojos antes de leer la Escritura con palabras.

Este tipo de bondad les da seguridad profunda.

Se sienten seguros porque su carácter no cambia según el ánimo, la audiencia o las circunstancias.

A través de su firmeza, comienzan a entender el corazón de Dios mismo: fiel, inmutable y bueno en toda temporada.

Bondad en Movimiento

La bondad es justicia en acción; la expresión visible de un corazón alineado con Dios. Unida al **Pectoral de Justicia**, la bondad protege la integridad de una madre de cualquier compromiso.

La guarda en momentos ocultos de tentación, desánimo o inconsistencia. Cuando se pone esta armadura, decide ser la misma en privado que en público.

Su bondad se convierte en cobertura para su carácter; una brújula moral firme en la que su familia puede confiar.

Con el pectoral puesto, sus acciones reflejan pureza, honestidad y la bondad constante de Dios.

Bondad Inquebrantable

Gálatas 6:9 nos recuerda:

"No nos cansemos de hacer el bien..." (NVI)

La bondad no es un momento; es un ritmo.

Se ve en las tareas pequeñas que nadie nota:

- las comidas preparadas con amor,
- las oraciones susurradas sobre un hijo dormido,
- la corrección firme pero tierna que forma más que conducta, y
- las decisiones silenciosas que ponen la obediencia por encima de la comodidad.

Estos actos sencillos se convierten en semillas que el cielo nunca pasa por alto. Ordinarios para el mundo, pero valiosos para Dios.

Valor Envuelto en Gracia

La bondad tiene un rostro tierno, pero también tiene una columna firme.

Se necesita valor santo para mantenerse firme cuando la cultura cambia, para escoger pureza en vez de popularidad, reverencia en vez de compromiso, convicción en vez de conveniencia.

La bondad no se mueve por presión. Se guía por propósito.

A veces la bondad susurra con suavidad.
A veces se mantiene firme.Pero siempre honra a Dios.

Cuando el Mundo Presiona

Habrá momentos en que la bondad te costará algo.

Cuando te apartas del chisme en vez de participar...
Cuando pides perdón primero, aunque el orgullo se resista...
Cuando estableces un límite y otros no lo entienden...

A veces escoger lo bueno significa soltar amistades, hábitos o ambientes que ya no honran lo que Dios está formando en ti. Y soltar puede sentirse como pérdida.

Pero la bondad alineada con la Palabra nunca se desperdicia.
Nunca se cuenta mal.
Nunca se olvida.

Lo que hoy se siente pesado puede ser lo que mañana proteja tu legado.
Lo que parece costoso puede convertirse en la herencia espiritual de tus hijos.

La bondad puede estirarte, pero no te fallará.

Bondad que Guía

Cuando tu hijo pregunta: "¿Por qué no podemos hacer eso?" y tu respuesta es simplemente: "Porque no es apropiado y no honra a Dios," se abre un momento santo.

No estás enseñando reglas.
Estás enseñando reverencia al Creador.

La bondad se convierte en la luz que guía sus pasos, enseñándoles a discernir no solo entre lo correcto y lo incorrecto, sino entre lo bueno y lo que casi parece bueno.

Tu convicción se convierte en su brújula. Tu rendición se convierte en su seguridad.

La bondad se vuelve el lenguaje de tu hogar.

La **Mamá Fructífera** entiende que momentos como estos son más que conversaciones... son discipulado silencioso.

Se da cuenta de que no solo está corrigiendo conducta, sino formando la manera en que su hijo verá el mundo.

Cada vez que responde con convicción y ternura, le enseña que la bondad nace de la devoción, no de la obligación.

Arraigada en la Bondad de Dios

El Salmo 23:6 declara:

"Ciertamente el bien y la misericordia me seguirán..." (NVI)

Una madre arraigada en la bondad de Dios no la fuerza. La refleja.

Fluye a través de su tono, sus decisiones, su paciencia y su presencia.

Su hogar se siente como un refugio, un lugar donde la verdad y la gracia conviven, donde la paz permanece y donde sus hijos perciben, sin que nadie se los explique, que Dios habita allí.

La bondad se convierte en la fragancia silenciosa de una vida guiada por el Espíritu.

Un Legado que Permanece

La bondad no es una imagen que mantener. Es un legado que dejar.

Tus hijos recordarán:

- el sonido de la gracia en su hogar,
- la manera en que el perdón se sentía seguro,
- la calma constante que los envolvía como abrigo.

Esos recuerdos se convierten en la base de su propia relación con Dios.

Cada pequeño acto de bondad se transforma en un paso firme que llevarán a su vida adulta.

Y mientras la **Mamá Fructífera** camina en bondad día tras día, algo más profundo comienza a echar raíces: **la fidelidad** — el próximo fruto que nace de la constancia, la integridad y la obediencia rendida a Dios.

Reflexión Final

La bondad crece en los lugares privados. Escoge lo que honra a Dios en secreto y confía en que Él dará fruto a su tiempo.

Reflexión Personal

La bondad me ha desafiado a vivir con constancia, no solo en público, sino también en lo privado, cuando solo Dios y mi familia ven.

Hubo momentos en que me pregunté si los esfuerzos que nadie veía realmente importaban.

Pero Dios me mostró que la bondad sembrada en secreto crece profundamente. La bondad me recordó que no vivo para agradar a las personas; vivo para honrar a Dios. Y eso cambia todo.

Momentos de Reflexión

1. ¿Dónde se te hace más difícil hacer el bien cuando sabes que nadie está mirando?

2. ¿Cómo puedes demostrar bondad a tus hijos esta semana con acciones y no solo con palabras?

3. ¿Qué significa para ti que "el bien y la misericordia te seguirán"?

4. ¿Hay un área en tu vida donde hacer el bien se siente ignorado o no valorado? ¿Cómo puedes verlo como adoración a Dios en vez de solo trabajo?

5. ¿Alguna vez la bondad te ha costado algo como comodidad, aprobación, relaciones o conveniencia? ¿Cómo te encontró Dios en ese lugar, o cómo puedes confiar en que te encontrará ahora?

Oración por la Bondad

Padre,

Forma mi corazón para desear lo que es bueno, puro y agradable para Ti. Que la bondad no sea solo algo que hago, sino quien llego a ser por medio de Tu Espíritu viviendo en mí.

Enséñame a amar la justicia, a deleitarme en la verdad y a caminar en integridad aun cuando nadie esté mirando. Ayúdame a escoger lo que Te honra por encima de lo que me da comodidad.

Que mis acciones reflejen Tu carácter: paciente, justo, misericordioso y tierno de espíritu.

Que la bondad fluya en mis decisiones, en mi disciplina, en mis conversaciones y en mis pensamientos en silencio. Cuando surja la tentación de comprometerme, fortalece mi determinación. Cuando la negatividad quiera oscurecer mi espíritu, lléname con Tu luz.

Que mis hijos aprendan bondad no solo escuchando reglas, sino viendo una vida rendida a Ti.

Señor, haz de mi hogar un lugar donde la bondad se sienta segura, familiar y esperada, porque Tu presencia está aquí.

En el nombre de Jesús,

Amén.

7

LA FIDELIDAD: Mantenerse Firme Cuando Te Sientes Débil

Confía en el Señor
de todo corazón,
y no en tu propia inteligencia.
Reconócelo en todos tus caminos,
y él allanará tus sendas.
Proverbios 3:5-6 NVI

Fidelidad en los Lugares Silenciosos

La fidelidad de una madre es una de las virtudes más ignoradas. No brilla ni exige reconocimiento. Para verla de verdad, hay que prestar atención a los pequeños detalles y a las constancias sutiles donde vive su devoción.

La fidelidad comienza en lo profundo del corazón y de los pensamientos de una madre, y se expresa en silencio a través de sus acciones mientras cumple su día.

Para la **Mamá Fructífera**, la fidelidad no se mide por lo fuerte que sirve, sino por cómo su carácter revela su compromiso.

Fiel en las Cosas Pequeñas

La maternidad es el lugar donde la fidelidad se esconde dentro de lo ordinario.

Se ve en las rutinas de la mañana, en las oraciones de madrugada, en las lágrimas que se secan en silencio, en las comidas preparadas con amor y en las decisiones tomadas pensando en la eternidad.

La mayoría de sus momentos fieles nunca serán reconocidos en la tierra. Pero el cielo cuenta cada uno.

Lo que hace en secreto nunca es olvidado por el Dios que todo lo ve. Sus sacrificios diarios se convierten en semillas de herencia espiritual, actos silenciosos de devoción que forman a sus hijos mucho más de lo que ella imagina.

Cuando Te Sientes Ignorada

Algunos llamados vienen con títulos, premios o aplausos.

La maternidad casi nunca es uno de ellos.

Una madre se entrega día tras día, y el fruto de su trabajo crece lentamente... casi completamente escondido, como raíces debajo de la tierra.

Y como sus esfuerzos no siempre son reconocidos, comienza a preguntarse: "¿Están funcionando mis oraciones? ¿Es suficiente lo que hago? ¿Realmente estoy haciendo una diferencia?"

Pero Dios ve lo que ella no puede ver.

Él la ve escoger paciencia en vez de enojo. La ve cargar a un hijo cansado en vez de aferrarse a la frustración. La ve orar por su futuro aun cuando el miedo habla más fuerte.

Su recompensa no es el reconocimiento, sino la afirmación de Dios.

La Fidelidad y el Escudo de la Fe

La fidelidad es perseverancia envuelta en fe.

Es levantarse cada día y decidir seguir adelante, no porque la maternidad sea fácil, sino porque Dios es firme.

Unida al **Escudo de la Fe**, la fidelidad la ayuda a detener los susurros:
"No eres suficiente."
"Nada está cambiando."
"Tus esfuerzos no importan."

Este escudo no solo la defiende... fortalece su determinación.

La fidelidad se convierte en su testimonio.

Ella permanece. Ella ora. Ella se presenta. Ella confía, no en su fuerza, sino en la fe de que Dios está obrando en cada momento.

La Fuerza que Permanece

La fidelidad no es llamativa. Es firmeza envuelta en gracia.

No nace de la fuerza de voluntad, sino del Espíritu Santo que vive en ella.

La Escritura nos enseña que los creyentes deben vestirse de fidelidad como parte de su carácter, no como actuación, sino como reflejo del carácter de Dios, que permanece firme y nunca cambia.

La fidelidad de una madre fluye de la fidelidad de Dios. Su fuerza crece de Su cercanía.

Mientras más se apoya en Dios, más la fidelidad se convierte en un ritmo natural en vez de un esfuerzo agotador.

Fidelidad Probada

La maternidad la pondrá a prueba... muchas veces.

El cansancio, las interrupciones, el peso emocional, la soledad y las tormentas inesperadas presionan su determinación.

Sin embargo, esas mismas presiones profundizan su dependencia en Dios... en cada oración que eleva cuando quiere rendirse, en cada momento en que permanece paciente cuando sus emociones quieren huir y en cada decisión de amar cuando su corazón se siente herido.

Estos se convierten en ofrendas sagradas a Dios.

Su constancia forma un ritmo que el cielo reconoce, una devoción que está construyendo algo eterno.

El Dios que Permanece

La fidelidad comienza en el corazón que susurra:

"Seguiré presentándome, aun cuando esté cansada."

No mide el éxito por la rapidez, sino por la firmeza.

Su vida se convierte en un reflejo silencioso de la constancia de Dios: en la manera en que consuela, en la manera en que guía, en la manera en que perdona y en la manera en que permanece.

Su fidelidad se convierte en un recordatorio vivo para sus hijos de que Dios es constante, firme y siempre presente.

La Fidelidad que Forma a Tus Hijos

La fidelidad transforma lo común en algo sagrado. Le recuerda que lavar platos, llevar a sus hijos a actividades, preparar comidas y hablar la verdad con amor no son interrupciones a su llamado... son su llamado.

La maternidad no es una "ocupación menor".

Es un ministerio dado por Dios que forma generaciones.

Su fidelidad siembra semillas que sus hijos cosecharán mucho después de que ella ya no esté.

A través de su constancia, ellos aprenden: el amor permanece, los compromisos importan y Dios es digno de confianza porque la confianza fue modelada en ella.

Fidelidad que Da Fruto con el Tiempo

Una vez mi esposo me preguntó:
"¿Y si tu llamado es criar a tus hijos?"

Para mi sorpresa, la pregunta me incomodó. No quería que mi llamado fuera solo la maternidad, aunque sabía lo valiosa que es. Mi reacción reveló algo más profundo: había olvidado cómo Dios define el éxito.

En algún momento comencé a medir mi valor por lo que podía producir y no por quién soy en Cristo. No me di cuenta de que mi perspectiva estaba más formada por los estándares del mundo que por la verdad de Dios.

La cultura dice que la realización de la mujer está fuera del hogar. Que el progreso significa producción. Que la maternidad debe ser algo secundario, no el centro.

Pero Dios cambió mi corazón.

Entendí que mis hijos (su futuro, su fe y sus almas) valen mucho más que cualquier logro personal.

Y aunque no toda madre puede quedarse en casa, toda madre ha sido encargada de formar las almas eternas de los hijos que ayudó a traer al mundo.

El cielo mide eso de manera diferente al mundo.

Realidades Difíciles

Cuando la maternidad se siente demasiado difícil, me detengo y me pregunto:

"¿Cuál es la alternativa? ¿Alejarme desharía lo que he construido? ¿Cómo afectaría a mis hijos ahora... y en su futuro como cristianos?"

Esas preguntas traen claridad.

Aun en los días más duros, mis hijos y su bienestar son razón suficiente para recordarme que debo permanecer fiel.

Las madres deben recordar que depender solo de su propia fuerza tiene un límite.

Es depender de Dios lo que lleva a una madre más lejos de lo que imaginó posible.

Una relación personal con Dios se vuelve esencial aquí; es el ancla que afirma sus creencias. Mientras más lo conoce, más fácil se vuelve permanecer fiel, porque ha experimentado la fidelidad firme e inquebrantable de Dios.

Soltar el Control

El deseo de proteger de una madre puede transformarse silenciosamente en deseo de controlar. Pero la fidelidad la invita a soltar lo que no puede moldear.

Cuando intenta sostener todo por sí sola, su hogar se cansa bajo ese peso. Pero cuando entrega a sus hijos al Dios que los formó, la paz comienza a echar raíces.

Límites cubiertos de amor, guía basada en oración y espacio para crecer. Esas son las herramientas que Dios usa para formar a sus hijos.

Una Vida en la que se Puede Confiar

La fidelidad significa convertirse en alguien en quien sus hijos pueden confiar; constante en carácter, firme en amor, honesta acerca de sus debilidades, rápida para pedir perdón y segura para abrir el corazón.

Sus decisiones invisibles forman la manera en que ellos entienden la confianza.

Su responsabilidad al cumplir lo que promete forma su entendimiento del compromiso.

Su humildad forma su comprensión de la gracia.

La fidelidad no es solo una cualidad. Es un testimonio.

Un Amor que Persevera

La fidelidad no se construye en grandes momentos. Crece en pequeñas decisiones intencionales: escoger el perdón en vez del rencor, la esperanza en vez del desánimo, la oración en vez de la desesperación y la presencia en vez de alejarse.

La fidelidad no exige perfección, solo que se levante otra vez.

La fuerza de una madre no es propia. Dios toma su compromiso y lo transforma en resistencia.

Cuando el Camino se Siente Nublado

Hay días en que la fidelidad se siente como caminar entre neblina, sin ver lo que está delante, pero aun así dar otro paso hacia Dios.

Eso es rendición.
Eso es confianza.
Eso es fidelidad en acción.

Aun cuando ella es infiel, Dios *"permanece fiel." 2 Timoteo 2:13 (NVI)*

Y en esa dependencia firme, la fidelidad se convierte en tierra fértil donde algo nuevo comienza a crecer... **la mansedumbre.**

Reflexión Final

Cada paso fiel que das, cansada, en silencio y en lo privado, es escuchado en el cielo y entretejido en la eternidad.

Reflexión Personal

Hubo temporadas en que me sentí invisible y me pregunté si mis esfuerzos realmente importaban. Fue en esos momentos callados cuando Dios me recordó que Él ve cada acto de fidelidad.

La fidelidad no se construye en grandes gestos, sino en devoción constante: presentarte, amar bien, orar sin cesar y confiar en Dios cuando los resultados no se ven o no son como esperabas.

La maternidad me ha enseñado que la fidelidad no es nunca sentirse cansada; es decidir permanecer aun cuando lo estás. Y en esos momentos, Dios me fortalece con Su propia fidelidad que me sostiene cada día.

Momentos de Reflexión

1. ¿De qué manera Dios te está llamando a permanecer fiel cuando te sientes cansada?

2. ¿Qué promesas sigues abrazando que requieren confiar en Su tiempo?

3. ¿Cómo puedes modelar fidelidad para tus hijos en tus palabras, acciones y compromisos?

4. ¿Cuándo has visto la fidelidad de Dios sostenerte en una temporada difícil?

5. ¿Hay un área de tu vida o de tu maternidad donde has estado tratando de cargar todo sola? ¿Cómo sería entregarle ese lugar a Dios con fidelidad en vez de con miedo o frustración?

Oración por la Fidelidad

Señor,

Hazme fiel en las cosas pequeñas, en lo que nadie ve y en los momentos diarios que construyen un legado.

Fortalece mi corazón para permanecer comprometida cuando mis emociones cambian y cuando el camino se siente largo. Ayúdame a mantenerme firme en amor, constante en oración y anclada en la verdad.

Enséñame a presentarme con fe aun cuando los resultados no sean inmediatos, y a confiar en Tu tiempo por encima del mío.

Que mi sí sea un sí firme, que mis promesas tengan peso y que mis hijos vean una madre que termina lo que comienza, no por su propia fuerza, sino por Tu Espíritu.

Cuando el desánimo susurre que mis esfuerzos pasan desapercibidos, recuérdame que Tú ves cada semilla que planto y cada sacrificio que hago.

Convierte mi perseverancia en adoración, mis rutinas en devoción y mi deber en alegría.

Que yo refleje Tu fidelidad en mi matrimonio, en mi maternidad y en cada lugar donde Tú me pongas.

En el nombre de Jesús,

Amén.

8

LA MANSEDUMBRE: Es Fuerza Bajo Control

Por lo tanto, como escogidos de Dios,
santos y amados,
revístanse de afecto entrañable y de bondad,
humildad, amabilidad y paciencia.

Colosenses 3:12 NVI

La Fuerza en la Suavidad

La mansedumbre no es debilidad. Es poder controlado por la humildad.

Es saber que podrías ser dura, pero escoger ser amable. Es la calma en la corrección, la suavidad en medio de la lucha y la gracia que sostiene el hogar cuando todo se siente frágil.

La mansedumbre no es la ausencia de autoridad. Es autoridad envuelta en calidez. Es la seguridad que no necesita gritar para ser escuchada, porque habla desde la paz y no desde el orgullo.

Esta paz camina junto a la mansedumbre, guiando los pasos de una madre con calma y compasión. Cuando se une a los **Zapatos de la Paz**, la mansedumbre la conduce a conversaciones tranquilas, la ayuda a corregir sin herir el corazón de sus hijos y le permite atravesar momentos difíciles con gracia en vez de tensión.

Le enseña a caminar en su hogar con pasos firmes y suaves, llenos de fuerza controlada por el Espíritu.

Cada paso manso se convierte en un paso que trae paz y restauración.

Gracia en la Corrección

La **Mamá Fructífera** aprende que la mansedumbre es poder rendido a la paz. No se trata de evitar la verdad, sino de decirla con amor.

A veces las madres pueden decir la verdad de manera demasiado directa, causando dolor o resentimiento sin intención. La mansedumbre permite que la corrección sane en vez de herir, que enseñe sin humillar y que guíe sin avergonzar.

Es la mano que seca lágrimas sin hacer sentir culpa; la paciencia que escucha antes de dar un sermón y la conciencia de que su tono enseña más que sus palabras.

Cuando la corrección fluye desde la calma y no desde la irritación, deja espacio para la enseñanza y la confianza. Permite que el niño esté más dispuesto a entender el porqué de la corrección.

Los hijos rara vez recuerdan cada regla, pero siempre recuerdan cómo se sintieron en la presencia de su madre. La mansedumbre asegura que lo que más recuerden sea amor.

Es esa mansedumbre la que le da espacio al Espíritu Santo para obrar en el corazón del niño, haciendo lo que el enojo nunca podría lograr.

Enseña que la disciplina no es dominio, sino dirección; ayudándoles a entender no solo qué estuvo mal, sino cómo hacerlo bien.

Dios Está Cerca en la Mansedumbre

Filipenses 4:5 dice:

> *"Que su amabilidad sea evidente a todos. El Señor está cerca." (NVI)*

La mansedumbre no está reservada solo para quienes la "merecen". Se extiende a todos los que Dios creó.

La presión emocional o los momentos de estrés no disminuyen el llamado a la mansedumbre, porque la mansedumbre de Dios hacia nosotros nunca cambia. Todos tienen días pesados, momentos difíciles y batallas ocultas, y cada persona sigue siendo digna de compasión, aun cuando no sientas ganas de darla.

Cuando una madre habla con mansedumbre, el cielo se acerca. Sus palabras se convierten en un canal de consuelo y convicción al mismo tiempo.

A veces esa cercanía se manifiesta en los momentos más pequeños, como cuando una madre aprieta la mandíbula y exhala antes de responder a un "no" desafiante, o cuando baja el tono de voz en lugar de igualar el de su hijo.

Esas pequeñas pausas son los espacios donde la cercanía de Dios llena el vacío entre la emoción y la gracia.

Construyendo Puentes a Través de la Mansedumbre

La mansedumbre desarma la defensiva y construye puentes donde el enojo levantaría muros.

Crea un ambiente donde el arrepentimiento se siente posible, donde los corazones permanecen abiertos en lugar de endurecerse.

Una palabra suave puede volver a abrir puertas que la frustración cerró de golpe. Invita a la conversación en lugar de la confrontación.

Le da al hijo permiso para acercarse en vez de alejarse.

Un Hogar Manso se Convierte en un Lugar Seguro

Cuando una madre corrige con mansedumbre, su hogar se convierte en refugio en lugar de campo de batalla; un lugar donde la disciplina conduce al crecimiento, no a la culpa.

Ella se transforma en un lugar seguro para el corazón de sus hijos, el tipo de madre a la que corren, no de la que huyen.

De esta manera, refleja a Jesús, quien es *"manso y humilde de corazón" (Mateo 11:29, NVI).*

La mansedumbre es contracultural, pero profundamente cristocéntrica.

Cuando la Mamá Fructífera elige la calma sobre el control, su hogar se convierte en una ilustración viva de la compasión de Dios: firme en la verdad, suave en la manera de acercarse.

Sus hijos aprenden que la verdadera autoridad no se construye con miedo, sino con un amor que escucha, corrige y restaura.

Ser Mansa Contigo Misma

La mansedumbre no es solo para la manera en que una madre trata a su familia; también es para la manera en que se trata a sí misma.

Cuando una Mamá Fructífera falla, no se condena. Lleva sus pensamientos hacia adentro, permitiendo que el Espíritu los refine mientras ajusta sus pasos.

En lugar de intensificar la tensión, la disipa. En vez de respuestas cortantes, responde con suavidad, sabiendo que *"la respuesta amable calma el enojo" (Proverbios 15:1, NVI)*, aun cuando esa respuesta amable sea para ella misma.

La paz de una Mamá Fructífera se vuelve persuasiva; su calma, contagiosa.

Este fruto no crece de manera natural; crece a través de la oración, la humildad y el tiempo. Se forma en esos momentos en que desearía haber hecho una pausa más larga o haber hablado con mayor suavidad.

Lista para la Batalla

Requiere sensibilidad espiritual, reconociendo que la verdadera batalla no es *"contra sangre y carne" (Efesios 6:12, NVI).*

El enemigo busca dividir por medio de la impaciencia, la irritación y el malentendido.

Pero la Mamá Fructífera resiste con armas espirituales como la oración, la Escritura y la paz. Se pone la Armadura de Dios e invita al Espíritu Santo a gobernar donde antes reaccionaba la carne.

Con el tiempo, esto transforma respuestas impulsivas en respuestas intencionales, convirtiendo posibles conflictos en oportunidades de crecimiento y abriendo espacio para la sanidad.

A través de la mansedumbre, la Mamá Fructífera reconoce que tanto los niños como los adultos necesitan gracia para crecer. Le recuerda tener la mente de Cristo; actuar como Él actuaría.

La Fuerza Madura de la Mansedumbre

Con el tiempo, su mansedumbre se convierte en el suelo fértil donde crece la confianza de su familia.

Enseña a sus hijos que el amor y la firmeza pueden coexistir; que la disciplina puede sentirse segura y que la verdad puede sonar amable.

Aprenden que la mansedumbre no es la ausencia de poder; es la dirección correcta del poder.

Es una fuerza que sabe cuándo hablar, cuándo guardar silencio y cuándo simplemente sentarse al lado de alguien que está herido.

Los hijos crecen recordando que la mansedumbre no elimina los límites; los refuerza con gracia.

Dice: "Te amo lo suficiente para corregirte, y te amaré mientras atravesamos esto también."

Gracia y Fuerza Juntas

La mansedumbre enseña que la gracia y la fortaleza no son opuestas; son compañeras. Cuanto más una madre se apoya en la gracia, más fuerte se vuelve.

Y cuanto más madura en fortaleza, más suave crece su gracia. Es la paradoja de parecerse a Cristo: ser firme en convicción, pero tierno en la manera de acercarse.

Este equilibrio le permite criar hijos que no solo se comporten bien, sino que se sientan profundamente amados. Ellos entenderán que la amabilidad no es debilidad y que la humildad no es fragilidad.

Mansedumbre como Oración

La mansedumbre no significa que nunca levantes la voz; significa que levantas primero el corazón antes que la voz.

Es la oración que susurras antes de responder y la postura de humildad que dice: "Señor, que mis palabras traigan vida y no daño."

La mansedumbre invita a Dios a entrar en la conversación antes que tus emociones, transformando lo que pudo haber sido un momento de división en un momento de discipulado.

Y de ese equilibrio constante entre gracia y fortaleza nace el fruto final... aquel que sostiene a todos los demás: **el dominio propio**.

Porque sin dominio propio, la mansedumbre no puede permanecer. El dominio propio es lo que mantiene la mansedumbre en su lugar cuando las emociones se desbordan, cuando la paciencia se agota y la gracia es puesta a prueba.

Juntos, forman la fuerza silenciosa de una madre guiada por el Espíritu; una cuya paz no puede ser provocada y cuyo amor no puede ser sacudido.

Reflexión Final

La mansedumbre es fuerza rendida al Espíritu. Permítele suavizar tus respuestas y fortalecer tu corazón. Confía en que Él es más que suficiente.

Reflexión Personal

La mansedumbre no fue algo que surgiera naturalmente en mí en todo momento. Hubo ocasiones en que la frustración habló más fuerte que la gracia. Pero Dios comenzó a enseñarme que la mansedumbre es una fuerza que no necesita gritar. Es guiada por el Espíritu.

Los momentos en que bajé el tono de mi voz, suavicé mi expresión y elegí compasión en lugar de reacción se convirtieron en algunos de los momentos más sanadores en mi hogar.

La mansedumbre me recuerda que los corazones son delicados, y que Dios me ha confiado el cuidado del corazón de otros. A través de Su Espíritu, estoy aprendiendo que la mansedumbre no solo forma a mis hijos. También me transforma a mí.

Momentos de Reflexión

1. ¿Cómo puedes hablar la verdad en amor esta semana con gracia y mansedumbre?

2. ¿Cómo podría verse la mansedumbre hacia ti misma después de un día difícil?

3. ¿Cómo cambiaría tu hogar si la mansedumbre fuera tu primera respuesta?

4. ¿De qué maneras ves reflejada la mansedumbre de Dios en tu propia historia?

5. ¿Hay alguna relación, conversación o situación en tu vida en este momento donde Dios te esté invitando a responder con mansedumbre en lugar de reaccionar con frustración? ¿Cómo podría cambiar el resultado si rindes ese momento a Él?

Oración por la Mansedumbre

Padre,

Viste mi corazón de mansedumbre. Que mis palabras lleven vida y no peso. Cuando la tensión aumente y las emociones tiren con fuerza, ayúdame a hacer una pausa, respirar y responder con gracia en lugar de reaccionar.

Enséñame a corregir con compasión, a escuchar con paciencia y a guiar sin herir.

Que mi voz sea un lugar seguro para mis hijos y paz para mi hogar.

Recuérdame que la mansedumbre no es debilidad, sino fuerza rendida a Ti. Suaviza cada aspereza en mí, sana cada lugar donde la frustración ha echado raíces y haz mi espíritu tierno como el Tuyo.

Cuando falle, ayúdame a arrepentirme con prontitud y a restaurar con humildad. Que mis hijos recuerden mis acciones marcadas por la paz; una madre que ama profundamente, lidera con benignidad y los trata con la misma gracia que Tú has derramado sobre mí.

Forma mi corazón conforme al Tuyo, para que ellos puedan conocerte y comprenderte mejor.

En el nombre de Jesús,

Amén.

9

El DOMNIMIO PROPIO: Es la Guardiana del Corazón

El hombre que no tiene dominio propio

una ciudad sin defensa y sin murallas.

Proverbios 25:28 NVI

El Guardián Silencioso

El dominio propio es el guardián silencioso de todos los demás Frutos del Espíritu.

Es lo que mantiene firme el amor cuando es probado, lo que evita que la paz se desmorone bajo presión y lo que permite que la mansedumbre siga siendo mansa cuando las emociones quieren desbordarse.

Sin dominio propio, los frutos se echan a perder bajo presión. Con él, florecen incluso en tiempos de tormenta.

Deja que el Espíritu Guíe

Para la Mamá Fructífera, el dominio propio no se trata de represión. Se trata de rendirse a los mandamientos de Dios.

No es apretar los dientes y sostenerse por pura fuerza de voluntad; es aprender a contenerse el tiempo suficiente para que el Espíritu de Dios tome el control.

El dominio propio es imposible sin la Palabra de Dios; por eso vemos cómo trabaja de la mano con la **Espada del Espíritu**.

La Escritura corta los impulsos emocionales, los pensamientos intrusivos, las tentaciones y los patrones reactivos. Cuando una madre toma esta espada, elige claridad en lugar de caos y verdad en lugar de impulso.

El dominio propio se convierte en el fruto que toma la Palabra y la usa con sabiduría: para hacer una pausa antes de reaccionar, silenciar mentiras con verdad, guiar sus emociones con la Escritura y dirigir sus deseos hacia la voluntad de Dios.

Con la espada en la mano, una madre se vuelve fuerte, firme y espiritualmente disciplinada.

Muros que Protegen la Paz

Proverbios 25:28 dice:

"Como ciudad sin defensa y sin murallas es quien no sabe dominarse."*(NVI)*

Sin límites de restricción, nuestras emociones se convierten en puertas abiertas para que influencias negativas tomen control de nuestras acciones.

Pero cuando una madre practica el dominio propio, construye muros firmes de sabiduría alrededor de su corazón y su hogar; no muros que excluyen a las personas, sino muros que protegen la paz en su interior.

Cuando la Templanza Parece Imposible

Habrá días en que el dominio propio parezca imposible... o incluso olvidado.

Cuando la prisa de la mañana se convierte en un colapso, el ruido parece interminable y tu paciencia se siente como un hilo a punto de romperse. Querrás gritar, azotar una puerta o alejarte con resentimiento.

Pero el dominio propio susurra:
"Pausa. Ora. Haz lo que Dios dice que es correcto... y luego continúa."

Esto no niega tus sentimientos. Los disciplina. Te recuerda que las emociones son reales, pero no tienen que gobernar tus decisiones ni tus acciones.

Por ejemplo, cuando tu pequeño derrama jugo sobre el piso recién trapeado, o tu adolescente responde con mala actitud.

Tu antigua reacción podría haber sido inmediata. Pero la tú guiada por el Espíritu hace una pausa, los mira a los ojos y dice con calma:
"Este comportamiento no es apropiado, pero podemos trabajar en esto juntos."

Ese momento no solo enseña responsabilidad. Enseña redención.

Ese es el poder del dominio propio: transforma desórdenes en lecciones. Modela la misma gracia que Dios nos muestra cuando cometemos errores: paciente, firme y llena de amor.

Dominio Propio en las Decisiones Cotidianas

Es alejarse del chisme en lugar de participar en él. Es apagar un programa que despierta lo que no debería despertarse. Es decir no a distracciones que drenan tu espíritu.

A veces es morderse la lengua cuando un familiar habla con dureza, confiando en que Dios puede obrar en su corazón mejor de lo que tu reacción podría hacerlo.

Otras veces es decidir dejar el teléfono durante la cena, dando a tus hijos tu atención completa en lugar de un afecto dividido. El dominio propio le enseña a tu hogar que el amor no es impulsivo. Es intencional.

Es la disciplina espiritual que protege tu corazón y el de ellos de heridas innecesarias.

La mayoría de las batallas del dominio propio se ganan en la mente antes de llegar a la boca.

Es en el momento en que los pensamientos comienzan a girar:
"No puedo con esto... no me valoran... esto es demasiado",
cuando la Mamá Fructífera se detiene y redirige.

Reemplaza esas mentiras con verdad:

"Todo lo puedo en Aquel que me fortalece." (Filipenses 4:13, NVI)

Cuando elige pausar y orar en lugar de entrar en pánico y hablar, le da al Espíritu Santo tiempo para reescribir el resultado. Lo que pudo haber sido un recuerdo de arrepentimiento se convierte en un testimonio de gracia.

Cada vez que elige la calma en lugar del caos, les enseña a sus hijos que las emociones no son el enemigo. Son simplemente energía que necesita dirección y control.

El dominio propio no es un logro de una sola vez; es un ritmo diario de dependencia. Es la decisión de despertar y decir:
"Espíritu Santo, ayúdame a dominar mis momentos antes de que ellos me dominen a mí."

Algunos días lo harás bien, y otros fallarás, pero ahí es donde la gracia se encuentra con el crecimiento.

Cuando levantas la voz, el dominio propio te ayuda a bajarla nuevamente. Cuando reaccionas de más, te ayuda a pedir perdón sin vergüenza. Cuando sientes que has perdido toda paciencia, te recuerda suavemente que siempre puedes empezar de nuevo.

La Mamá Fructífera comprende que cada vez que rinde sus reacciones a Dios, no está fallando; está siendo formada. Su fe está siendo entrenada para responder desde el Espíritu y no desde el estrés.

Tus Hijos Siempre Están Observando

Los hijos rara vez aprenden el dominio propio por medio de sermones; lo aprenden por observación.

Ellos notan cuando permaneces en calma en lugar de explotar. Notan cuando te apartas para orar en vez de reaccionar. Notan cuando admites tu error y dices:
"No debí hablar así," o "No debí hacer eso, perdóname."

Un día, reflejarán ese mismo patrón en sus propios conflictos, haciendo una pausa antes de arremeter, siguiendo el camino de Dios antes de responder. Ese es el legado del dominio propio: enseña restricción a través de las relaciones.

El Campo de Prueba de la Vida

El dominio propio es más desafiado cuando una madre está cansada, abrumada o incomprendida.

Es fácil mantenerse serena cuando la vida está tranquila, pero la verdadera madurez se manifiesta cuando la vida se siente caótica:

- cuando vas tarde y alguien se atraviesa en el tráfico,
- cuando has repetido lo mismo por décima vez a tus hijos y nadie cambia su comportamiento, y
- cuando has dado amor y recibes silencio a cambio.

Estos momentos no definen tu fracaso. Refinan tu fe.

Las madres deben hacer un esfuerzo consciente por alinear sus pensamientos con lo que dice la Palabra. Es un proceso, una formación lenta, pero posible con Dios a tu lado.

Cada reacción rendida fortalece tu espíritu. Cada pausa desarrolla músculo espiritual.

Cuanto más eliges los principios de Dios en cada circunstancia, más fácil se vuelve reconocer Su voz en situaciones difíciles. Con práctica, el dominio propio deja de ser solo algo que haces y se convierte en parte de quien eres.

Guardando las Puertas

Proverbios 4:23 dice:

> *"Sobre todas las cosas cuida tu corazón, porque de él mana la vida."* (NVI)

El dominio propio es el guardián de ese mandato.

Protege lo que entra en tu mente, lo que sale de tus labios y lo que se establece en tu espíritu.

Evita que la amargura eche raíces y que la gracia se agote. El dominio propio de una madre no solo protege su paz; preserva su influencia.

Sus hijos aprenden a confiar en su guía porque ven que sus emociones no dirigen sus decisiones; su fe sí.

Por eso les recuerdo con frecuencia a mis hijos que no pueden “desver” lo que han visto ni “desoír” lo que han escuchado. Cada imagen, palabra y sonido que pasa por sus ojos y oídos se convierte en una semilla plantada en su corazón.

Como su madre, tengo una responsabilidad dada por Dios de cuidar esas puertas. Por eso establezco ciertos límites sobre lo que ven en la televisión, escuchan en la música o consumen en sus dispositivos.

Estos límites no están hechos para estorbarlos, sino para protegerlos; para preservar su inocencia y formar su discernimiento. Su carácter espiritual y moral es mucho más valioso que el entretenimiento momentáneo o la presión social.

Y en verdad, esta lección no es solo para los hijos. Incluso los adultos deben practicar el dominio propio, porque aquello que permitimos continuamente en nuestra mente terminará moldeando lo que fluye de nuestro corazón y de nuestra boca.

Con Dios, la Mamá Fructífera entiende que el dominio propio no se trata de dominar. Se trata de dirección y confianza en Él.

No es mantenerlo todo perfectamente bajo control; es permitir que Dios te sostenga fielmente. Porque el que verdaderamente tiene el control es Aquel que vive dentro de ti.

Un Legado Escrito en Amor

Al final, ser una Mamá Fructífera no se trata de hacerlo todo perfectamente. Se trata de tus intenciones y tu discernimiento en Cristo.

Es la decisión diaria de permanecer en Cristo para que Su Espíritu florezca a través de ti, transformando momentos ordinarios en semillas eternas.

Cada acto de paciencia, cada palabra de benignidad, cada pausa de dominio propio se convierte en parte de un legado vivo escrito no en papel, sino en corazones.

Tus hijos podrán olvidar tus palabras, pero nunca olvidarán tu caminar: la fe constante, la fuerza silenciosa, el amor que reflejaba el corazón de Dios.

Tu fruto se convierte en tu linaje piadoso. Tu hogar se convierte en tu jardín. Y tu vida se convierte en un reflejo de Juan 15:8:

"En esto es glorificado mi Padre, en que llevéis mucho fruto, y seáis así mis discípulos." (NVI)

Para la Mamá Fructífera, cada día, sin importar cuán desordenado, ruidoso o invisible parezca, es una oportunidad para glorificar al Jardinero que la plantó. Y mientras permanece en Él, continuará floreciendo... incluso en medio de cualquier tormenta.

Reflexión Final

La pausa tiene poder. Cada momento en que te detienes, respiras y eliges el camino de Dios es una victoria del Espíritu dentro de ti.

Reflexión Personal

El dominio propio ha sido uno de los frutos más refinadores en mi vida. Se pone a prueba en el estrés, el cansancio y en momentos emocionales cuando sería más fácil reaccionar que responder.

Pero Dios me ha mostrado que cada pausa, cada oración antes de hablar, cada momento en que rindo mis impulsos a Él se convierte en una victoria del Espíritu dentro de mí. Estoy aprendiendo que el dominio propio no se trata de tener el control, sino de rendirme al propósito de Dios.

Se trata de permitir que Dios guíe mis respuestas para que mis palabras y acciones siembren vida en lugar de arrepentimiento. Y cada vez que me rindo, Él me fortalece.

Momentos de Reflexión

1. ¿Cuándo fue la última vez que hiciste una pausa antes de reaccionar y cómo cambió eso el resultado?

2. ¿Qué momentos ponen más a prueba tu dominio propio y cómo podrías invitar a Dios a esos momentos antes de que ocurran?

3. ¿Cómo puedes modelar la moderación para tus hijos de maneras que ellos puedan ver y comprender?

4. ¿Qué emoción o hábito podría estar pidiéndote Dios que le entregues para que Su paz guarde más plenamente tu corazón?

5. ¿Cómo puedes celebrar el progreso, y no la perfección, en tu caminar hacia un dominio propio guiado por el Espíritu?

Oración por la Templanza

Señor,

Fortaléceme para dominar mis momentos y no ser dominada por ellos. Cuando mis emociones se eleven, que Tu Espíritu se eleve aún más. Cuando la impaciencia quiera hablar primero, dame la sabiduría para hacer una pausa y la gracia para responder con paz.

Ayúdame a guardar mi corazón, mis pensamientos y mi lengua, para que mis palabras construyan y no destruyan. Enséñame a reconocer cuándo necesito retroceder, respirar e invitarte a mis reacciones.

Recuérdame que el dominio propio no se trata de perfección, sino de rendición. Recuérdame dejar que Tú guíes antes que mis sentimientos. Cuando falle, ayúdame a recomenzar pronto, pedir perdón con humildad y empezar otra vez con gracia.

Que mis hijos aprendan moderación al verme caminar en la Tuya. Forma mis hábitos, renueva mi mente y afirma mi espíritu, para que mi hogar no esté lleno de reacciones, sino de Tu paz, paciencia y amor.

En el nombre de Jesús,

Amén.

10
Capítulo Extra: Donde el Miedo y la Fe se Enfrentan

El Valle que Ninguna Madre Pide

Hay momentos en la maternidad en los que incluso el dominio propio más firme se desliza entre manos temblorosas; momentos en los que el miedo se levanta más rápido de lo que puedes estabilizar tu respiración.

Después de caminar por los frutos que moldean nuestro ritmo diario, debemos detenernos en un lugar diferente; el valle donde el miedo y la fe se enfrentan cara a cara. Toda madre, en algún momento, llega a una situación que jamás imaginó enfrentar: cuando su hijo está herido, amenazado o luchando por su vida.

En esos momentos, la maternidad se convierte en algo más que decisiones y respuestas; se transforma en una colisión entre emoción cruda y una confianza desesperada en Dios. Este capítulo entra con suavidad en ese espacio tan personal, donde el mayor temor de una madre se encuentra con el Dios que la sostiene en medio de él.

Cuando una madre enfrenta la posibilidad de perder a su hijo por enfermedad, lesión o una complicación inesperada, el tiempo parece detenerse.

El mundo se reduce a una sola oración:
"Señor, por favor... no a mi hijo."

El miedo intenta invadir su interior. La fe tiembla, pero aun así se extiende hacia Dios. Ambas se aferran al Dios que conoce cada resultado.

Este capítulo es para la madre que se sostiene apenas por un hilo, orando entre lágrimas y preguntándose si Dios realmente escucha su clamor.

Fe en el Valle

Hubo un momento en mi propia historia en el que el miedo y la fe chocaron con tanta fuerza que pensé que mi corazón se detendría. Fue el momento en que comprendí que podía perder a mi hijo menor, mi bebé sorpresa, el que yo estaba segura que se parecería más a mi esposo.

Nada me preparó para ese tipo de terror. Nada me sostuvo excepto el clamor desesperado que surgió de un lugar más profundo que las palabras. En ese instante, no sabía cómo terminaría la historia, aunque sí sabía lo que anhelaba con todas mis fuerzas y mi fe.

Sabía que era una madre enfrentando lo impensable, como tantas otras. Y fue en ese valle donde Dios salió a mi encuentro.

Mi Historia: Cuando Pensé que Perdería a Mi Hijo

Recuerdo el día en que mi corazón se hundió y la preocupación inundó todo mi cuerpo. Estaba embarazada de mi hijo menor cuando algo cambió, y de repente supe que algo no estaba bien. La posibilidad de un aborto espontáneo se volvió real. Pesada. Inmediata.

Mi familia y yo habíamos ido a nuestro primer crucero familiar a las Bahamas. Habíamos llegado a uno de los puertos y nos quedaríamos esa noche en la isla.

Todos estábamos emocionados y con mucha hambre. En ese momento tenía cuatro hijos hambrientos, así que fuimos a una pizzería en el hotel del puerto.

Allí reímos, esperamos y disfrutamos una deliciosa pizza. De repente, sentí algo tibio correr por debajo.

Supe al instante lo que estaba pasando... estaba sangrando.

Le dije rápidamente a mi esposo:
"Tenemos que irnos. Tenemos que irnos ahora mismo."

Él vio mi rostro y, sin hacer preguntas, ayudó a reunir a los niños para salir deprisa.

Todos trataban de seguir mi paso rápido de embarazada. Finalmente, mi esposo preguntó con profunda preocupación mientras mantenía a los niños juntos:
"¿Qué pasa?"

Recuerdo su cara cuando le dije:
"Estoy sangrando."

Se puso pálido al instante y logró que todos caminaran aún más rápido.

Al llegar a la habitación del hotel, me dijo que fuera a la ducha. Yo le pedí inmediatamente que llamara a nuestros pastores para que oraran por nosotros.

No creo que mi esposo entendiera la gravedad de la situación hasta que vio toda la sangre salir de mi cuerpo.

Sinceramente, no sé cómo logró mantener todo en orden mientras yo estaba de pie, desnuda en la ducha, viendo cómo grandes cantidades de sangre corrían por el desagüe, y nuestros hijos estaban en la habitación de al lado.

Lo escuchaba hacer llamada tras llamada, contactando a cada pastor y guerrero de oración que conocíamos. También llamó a la administración del hotel.

Yo, por mi parte, clamaba a Dios por la vida de mi hijo.

Días antes, mi pastora había compartido un testimonio con la congregación que se convirtió en el fundamento que usé para mantenerme firme en la fe durante esa experiencia devastadora y desgarradora.

Ella contó que una vez tuvo un accidente de auto con sus hijos cuando eran pequeños. Uno de ellos quedó gravemente herido, inconsciente y sangrando por la boca.

Se pensó que no sobreviviría mientras yacía en la sala de emergencias. Pero mi pastora se mantuvo firme en fe y oró a Dios con fuerza y certeza. Finalmente recibió la noticia de que su hija estaba viva y bien.

Los médicos no sabían por qué ni de dónde había salido la sangre. La niña no tenía heridas internas ni externas. Era inexplicable y desconcertante. Solo le dijeron que no sabían de dónde provenía la sangre... que a veces eso sucede.

Pero ella sabía... fue la mano de Dios respondiendo a esas oraciones fieles y sinceras.

Mi pastora terminó su testimonio diciendo:
"Dios no hace acepción de personas. Lo que hizo por mí, lo puede y lo hará por ti."

Me aferré a esas palabras con cada fibra de mi ser, llorando en la ducha, casi besando las frías losetas frente a mí con cada respiración y cada palabra.

Pareció una eternidad, pero finalmente mi pastora estaba al teléfono y oramos juntos. Ella declaró con firmeza:
"Dios no hace acepción de personas. Lo que hizo por mí, lo hará por Brenda."

Después de orar, mi esposo me dijo que me vistiera. Íbamos a la sala de emergencias.

Nuestros cuatro hijos no podían venir. Tuvimos que dejarlos en el hotel. El gerente vino y los llevó al club de niños, que cerraron para cuidarlos de manera privada.

Cuando llegó la ambulancia y me aseguraron en una silla, pensé que todo estaría bien...

Pero no.

Como me había bañado y puesto ropa limpia, no había evidencia visible del sangrado. No parecía una emergencia grave.

Mantenía las piernas muy juntas para que no se notara nada.

Eso hizo que me dejaran en un pasillo por lo que se sintió como horas. También supe que había problemas con el pago. No me atendieron hasta que mi esposo pudo pagar miles de dólares de su propio bolsillo.

Finalmente me llevaron a una habitación, me pidieron cambiarme y me acostaron en una camilla.

Cuando el doctor entró, no parecía preocupado. Mis piernas seguían presionadas con fuerza. No fue hasta que las separó que retrocedió sobresaltado y dejó escapar un grito.

Un gran chorro de sangre salpicó por todas partes.

Cayó sobre él, sobre la cama y sobre el suelo.

Había sangre por todos lados.

Todo quedó cubierto.

Parecía literalmente que había ocurrido una masacre en esa habitación.

El rostro de mi esposo estaba más pálido que nunca. Más tarde me dijo que había visto un feto en el suelo.

El doctor llamó rápidamente a una enfermera para limpiar y evitar resbalar. Yo seguía orando y creyendo que mi hijo estaba vivo.

Después de examinarme de forma brusca, nos dijo que sentía un hueco en mi útero y que había perdido al bebé.

No acepté eso. Necesitaba pruebas.

Tuvieron que traer a una sonografista desde otra isla, lo que implicó un costo adicional.

Aunque estaba devastada por las palabras del doctor, seguía aferrada a la esperanza de que mi hijo no estuviera muerto.

Cuando la sonografista colocó el transductor sobre mi vientre, mi esposo y yo escuchamos un latido.

Fuerte.

Claro.

Y el doctor lo apagó de inmediato.

La sonografista se sorprendió y fue apartada. Escuché la incredulidad del doctor en el fondo.

Mi esposo y yo nos miramos con esperanza renovada. Lágrimas de alegría llenaron mis ojos. Sabía que mi hijo estaba vivo.

La sonografista se disculpó y continuó en silencio. Dijo que no podía dar información hasta que el doctor revisara.

Nos enviaron de vuelta a la habitación. Vi restos de sangre en el suelo.

Y fue allí, en la misma habitación donde me dijeron:
"Tuviste un aborto,"
que el doctor regresó y tuvo que retractarse.

Confundido, me entregó la imagen de ultrasonido de mi hijo sano.

Repitió las mismas palabras que los médicos dijeron a mi pastora años atrás:

"No sabemos de dónde vino la sangre... esto pasa a veces."

Pero yo sabía exactamente por qué mi hijo estaba vivo.

Dios lo hizo.

Dios escuchó mi clamor y, en mi historia, me permitió quedarme con mi hijo,
no porque mi fe fuera perfecta,
no porque oré "correctamente,"
no porque mereciera un milagro...
sino porque Él es compasivo y cercano a Sus hijas en angustia.

Necesito decir esto con honestidad:

No todas las madres reciben el resultado que anhelan.

Comparto mi historia no como comparación, sino como testimonio de la cercanía de Dios, no de garantías.

Dios estuvo conmigo cuando luchaba por no perder a mi hijo.

Y está igual de presente con la madre cuya historia termina diferente.

Mi milagro no prueba una fe más fuerte.
Y su pérdida no prueba una fe más débil.

Ambas madres están sostenidas por el mismo Dios amoroso que las cuida y las lleva en Sus manos.

Por Qué Este Capítulo Importa

Este capítulo no fue planeado. Nació en medio de un momento de intercesión urgente por el hijo de una amiga, quien, al tiempo de terminar este libro, estaba luchando por su vida en la UCI. (Ahora completamente recuperado, contra todo pronóstico natural.)

Mientras oraba por ella y por su hijo, comprendí que mi libro necesitaba abrir espacio para las madres que viven en el valle donde el miedo y la fe chocan; las madres que deben aferrarse a los Frutos del Espíritu no desde la calma de la rutina, sino desde una fe temblorosa.

Y ese mismo día, recibí una confirmación desgarradora de la necesidad de este capítulo cuando otra querida amiga, de la universidad, perdió a su precioso hijo días antes.

Dos madres. Dos valles. Una llena de esperanza... otra quebrantada por el dolor.

Sus historias imprimieron este capítulo en mi espíritu y me recordaron que la maternidad no es solo amor, disciplina y fortaleza diaria.

También es acerca de esos lugares privados y dolorosos donde el amor debe anclarnos; donde la paciencia parece imposible, donde la paz debe lucharse, donde la mansedumbre se convierte en un salvavidas, donde la fidelidad nos mantiene firmes y donde el dominio propio significa aferrarse a Dios en lugar de colapsar bajo el miedo.

Incluso aquí, especialmente aquí, la Mamá Fructífera necesita el Fruto del Espíritu.

Y aun aquí, Dios se acerca cuando nuestro corazón se rompe.

Una Madre Esperando con Esperanza

Existe un dolor particular reservado para la madre que aún está esperando; la madre que se sienta en salas de hospital, camina por pasillos, revisa su teléfono una y otra vez o yace despierta orando por noticias que todavía no llegan.

El valle del "no saber" o del "esperar con todo el corazón" puede ser una forma de tormento. Estira el tiempo y pesa sobre el corazón, haciendo que cada respiración se sienta como una oración y cada minuto como una batalla.

Si eres una madre en este lugar, escucha esto: cualquier miedo que intente abrumarte no descalifica tu fe. Aférrate a la Palabra de Dios y Él te sostendrá.

Puedes sentir que el miedo intenta infiltrarse y aun así confiar en Dios. Puedes llorar y aun así creer. Puedes temblar y aun así mantenerte firme.

La fe nunca fue diseñada para eliminar tu humanidad; fue diseñada para llevarte de regreso a los brazos de Aquel que la creó.

Dios está cerca de ti en esta espera. Él ve al hijo por quien estás clamando. Él ve la fuerza que sientes que no tienes.

Y en este valle, la Mamá Fructífera no depende de su propia fuerza; se apoya en el Espíritu que sostiene su corazón tembloroso.

Él te está sosteniendo incluso ahora. No estás sola. Resistir el miedo, aun cuando es extremadamente difícil, no te hace débil… te hace madre.

Y escucha esto también: lo que Dios hizo por mí, es plenamente capaz de hacerlo por ti. Él sigue siendo el Dios de milagros, el Dios que escucha, el Dios que rescata y restaura.

Pero incluso si tu historia no se desarrolla como la mía… incluso si el valle te lleva a un lugar donde nunca quisiste estar… tu historia no ha terminado.

Dios sigue siendo fiel. Todavía hay propósito después de la tragedia. Todavía hay vida, aliento, significado y un futuro al otro lado del dolor que intenta quebrarte.

La esperanza no está atada a los resultados; está atada a Él.

Y Él te llevará a través de cada paso de este valle, sin importar cómo termine o haya terminado tu historia.

Una Madre en Duelo y Lo Impensable

No hay dolor en la tierra como el dolor de una madre cuyo hijo ya no está aquí.

Es un quebranto que cambia la forma del mundo de una madre. Es un silencio que resuena, un recuerdo que arde y un amor que no sabe hacia dónde ir.

Si este es tu valle, escucha esto: tu duelo es santo; es un testimonio del cual otras podrán sacar fortaleza cuando estén listas.

Tu amor por tu hijo es evidencia de la imagen de Dios en ti: feroz, eterno y profundamente sentido.

Tu hijo importó.
Tu maternidad permanece.
Y Dios está cerca de los quebrantados de corazón de maneras más profundas que las palabras.

Él llora contigo.
Él te sostiene.
Él carga lo que tu corazón no puede sostener por sí solo.

Y en un valle como este, la Mamá Fructífera no intenta producir una fuerza que no tiene; permite que el Espíritu la sostenga con frutos que no puede generar por sí misma:

Una paz que estabiliza lo que está destrozado, una mansedumbre que suaviza lo que está herido, una fidelidad que le recuerda que Dios no la ha abandonado y un amor que continúa aun cuando sus brazos se sienten insoportablemente vacíos.

Estos frutos no borran el dolor; simplemente respiran con ella a través de él... son compañeros silenciosos y sagrados en un valle que ninguna madre jamás quiso recorrer.

Cuando Preguntamos: "¿Por Qué Mi Hijo... y No el Suyo?"

Una de las preguntas más pesadas que una madre puede susurrar es la que rara vez se atreve a decir en voz alta:

"¿Por qué mi hijo? ¿Por qué mi hijo sigue aquí... mientras otra madre está de duelo?"

Y para la madre que ha perdido, la pregunta duele igual de profundo:

"¿Por qué su hijo vive... y el mío no? ¿Por qué su oración fue respondida con vida... y la mía con pérdida?"

No hay comparación capaz de contener ese dolor.

Ninguna madre se gana un milagro. Ninguna madre merece una pérdida.

El resultado no refleja la justicia de una madre, ni demuestra favoritismo de Dios. Llevaremos el misterio del "por qué" hasta el cielo, pero no lo llevamos solas.

Y aunque Dios nunca le pide a una madre que entienda lo impensable, sí promete que ningún valle es desperdiciado. Él saca propósito de aquello que parecía destinado a quebrarnos.

La historia de una madre puede encender esperanza; la historia de otra puede liberar fortaleza. Pero ambas son sostenidas, vistas y atesoradas por Dios. Sus testimonios no explican el "por qué," pero brillan con la verdad de que Dios sigue presente en cada historia.

Con el tiempo, vendrá la sanidad, y la paz seguirá.

La Mamá Fructífera se envuelve en el Espíritu a pesar de la pérdida o la ganancia emocional, en cada situación que nunca quiso enfrentar.

El amor le recuerda que ambos hijos importaron para Dios.
El gozo, aunque tenue, promete que la eternidad es real y que la restauración viene.
La paz se posa sobre preguntas que ninguna palabra humana puede calmar.
La paciencia le da gracia para el largo proceso de sanidad que el duelo exige.

La benignidad la ayuda a hablarse con suavidad mientras lucha con la culpa y la confusión.
La bondad la protege de creer que Dios es injusto o cruel.
La fidelidad le asegura que Dios no la dejó... ni por un segundo.
La mansedumbre suaviza los bordes de su dolor.
El dominio propio le ayuda a silenciar pensamientos que la culpan o la comparan con otras madres.

Estos frutos no eliminan el dolor, pero le dan la fuerza para caminar con él.

Dios está presente en ambas historias... en el milagro y en el duelo.

Él se goza con una.
Él llora con la otra.
Y sostiene a ambas con el mismo amor inmutable.

Reflexión Final

Cada lágrima, cada pregunta y cada respiración tomada en el valle está sostenida en las manos de un Dios que no suelta. Y la Mamá Fructífera, aun temblando, nunca está sin Su paz, Su promesa ni Su amor eterno.

Reflexión Personal

Hay valles en la maternidad para los que ningún corazón está preparado; lugares donde la fe no es fuerte ni triunfante, sino temblorosa y bañada en lágrimas.

Al caminar por este capítulo, mi corazón recuerda que la fe no siempre se ve como certeza; a veces se ve como respirar a través del miedo, susurrar oraciones cuando las palabras se sienten frágiles y confiar en Dios aun cuando nada tiene sentido.

He aprendido que la presencia de Dios no se prueba por los resultados, sino por la manera en que nos sostiene cuando sentimos que vamos a colapsar bajo el peso del amor y el temor. En el milagro, Él está cerca. En la pérdida, Él está cerca. En la incertidumbre, Él está cerca.

Este valle me recuerda que ser madre no significa ser infinitamente fuerte; significa ser infinitamente sostenida. Dios no nos mide por cuán perfectamente nos mantenemos firmes, sino por cuán dispuestas estamos a apoyarnos en Él cuando no podemos más.

Ya sea viviendo en fe, esperando en silencio doloroso o llorando una pérdida indescriptible, esta verdad permanece: Dios es fiel, no solo a la historia, sino a la madre que la está viviendo. Y aun aquí, Su amor permanece firme, suave y suficiente.

Momentos de Reflexión

1. ¿En qué parte de tu historia han chocado el miedo y la fe, y cómo sentiste que Dios se acercó a ti en ese momento?

2. ¿Qué Fruto del Espíritu sientes que más necesitas en esta temporada, y cuál percibes que Dios te está invitando a cultivar mientras atraviesas tu valle actual?

3. ¿Qué preguntas sin respuesta, “por qué,” o dolores silenciosos llevas hoy, y cómo sería ponerlos en las manos de Dios, aun sin entender el resultado?

4. ¿Cómo ha mostrado Dios Su fidelidad en momentos pasados de miedo, pérdida o incertidumbre, y cómo puede recordarlo fortalecerte ahora?

5. Cuando imaginas poner a tu hijo, tus miedos, tu duelo o tus preguntas sin respuesta en las manos de Dios, ¿qué parte de tu corazón se resiste y qué parte cree en silencio? ¿Cómo podría Dios estar invitándote suavemente a confiar en Él allí?

Oración por Madres en Crisis

Padre,

Elevo a cada madre que se encuentra en el valle donde el miedo y la fe se enfrentan. Tú ves el temblor en sus manos, el peso en su pecho, la oración que está demasiado cansada para pronunciar.

Acércate a ella ahora. Que Tu presencia la envuelva como un manto suave. Dale fuerza cuando se sienta débil, paz cuando su corazón se acelere y consuelo cuando las lágrimas caigan sin aviso.

Señor, para la madre que espera entre la fe y el temor, estabiliza su respiración. Recuérdale que Tú estás con ella en cada momento de incertidumbre, sosteniendo lo que ella no puede controlar. Sé su refugio, su ancla, su esperanza silenciosa en medio de la tormenta.

Y para la madre que llora la pérdida de su precioso hijo, abrázala con una ternura que solo Tú puedes dar. Permítele sentir Tu cercanía en el dolor que no puede explicar.

Sana las heridas que el tiempo no puede tocar. Susurra a su corazón que su hijo está seguro en Tus brazos y que caminarás con ella en cada momento de tristeza y en cada paso frágil hacia la sanidad.

Dios, recuérdale a cada madre que sus lágrimas no pasan desapercibidas, que sus miedos no son fracasos y que su dolor no es ignorado.

Sosténla con Tu diestra de justicia. Rodéala con Tu amor. Y hazle saber profundamente, personalmente, que nunca la dejarás, ni en este valle ni en ninguna temporada por venir.

En el nombre de Jesús,

Amén.

11
Oraciones y Reflexiones

Las oraciones y reflexiones en esta sección se ofrecen como un complemento al libro, brindando apoyo adicional cuando sea necesario.

No están destinadas a reemplazar la oración personal ni el tiempo a solas con Dios, sino a servir como una guía suave y un estímulo.

Las madres pueden elegir usarlas completamente, parcialmente o no usarlas, dependiendo de la temporada en la que se encuentren y de las necesidades de su corazón.

Cada oración está escrita para ayudar a enfocar la fe, invitar la presencia de Dios y profundizar la reflexión a lo largo del camino de la maternidad.

Estos momentos están diseñados para crear espacio para la quietud, la honestidad y la conexión con el Señor.

Ya sea que se utilicen en un momento tranquilo a solas o se vuelvan a visitar con el tiempo, están pensadas para apoyar el crecimiento espiritual sin presión ni expectativa.

Usa estas reflexiones como una invitación a hacer una pausa, respirar y encontrarte con el Señor de una manera natural, personal y que dé vida.

Los justos claman, y el Señor los escucha;
él los libra de todas sus angustias.
El Señor está cerca de los quebrantados de corazón
y salva a los de espíritu abatido.
Salmos 34:17-18 NVI

Oración por el Fruto del Amor

Padre Celestial,

Gracias por amarme con un amor paciente, incondicional e inagotable.

Vengo ante Ti pidiendo que Tu amor llene mi corazón de una manera más profunda.

Enséñame a amar como Tú amas; a ser paciente cuando me siento abrumada, suave cuando me siento frustrada y compasiva incluso cuando se me hace difícil dar.

Ayúdame a ver a los demás como Tú los ves y a responder con benignidad, gracia y ternura.

Permite que Tu amor suavice las áreas de mí que se han cansado, endurecido o desanimado.

Señor, deja que Tu amor transforme mis palabras, mis pensamientos, mis reacciones y mi actitud.

Ayúdame a amar a mi familia con intención y calidez, no por obligación, sino desde el desbordamiento de Tu Espíritu en mí.

Cuando mis fuerzas se agoten, recuérdame que Tu amor nunca se acaba.

Enraíza mi vida tan profundamente en Tu presencia que el amor sea mi primera respuesta y no mi último recurso.

Que Tu amor sea el ancla de mi corazón y la atmósfera de mi hogar.

En el nombre de Jesús,

Amén.

Oración por el Fruto del Gozo

Padre Celestial,

Gracias porque el verdadero gozo viene de Ti y no de mis circunstancias.

Te pido que Tu Espíritu llene mi corazón con un gozo profundo e inquebrantable; uno que permanezca firme aun en los momentos difíciles.

Ayúdame a recordar que el gozo no es solo un sentimiento, sino un regalo que crece cuando confío en Ti.

Enséñame a ver bendiciones en los momentos ordinarios, a sonreír incluso entre lágrimas y a descansar en la seguridad de que Tú siempre estás conmigo.

Que Tu gozo renueve mis fuerzas, eleve mi espíritu y alegre mi corazón.

Señor, cuando la vida se sienta pesada o abrumadora, recuérdame que mi esperanza está segura en Ti.

Reemplaza el desánimo con alabanza, la frustración con gratitud y el cansancio con un deleite renovado en Tu presencia.

Ayúdame a llevar gozo a mi hogar, a mis relaciones y a mi vida diaria, para que otros puedan ver Tu luz a través de mí.

Que Tu gozo sea mi canto, mi fortaleza y mi confianza.

En el nombre de Jesús,

Amén.

Oración por el Fruto de la Paz

Padre Celestial,

Gracias por ser el Dios de paz y por invitarme a descansar en Ti.

Te pido que Tu Espíritu Santo llene mi corazón y mi mente con una paz profunda y constante que sobrepasa todo entendimiento.

Calma las preocupaciones que corren por mis pensamientos, silencia las ansiedades que pesan sobre mi espíritu y ayúdame a entregar cada carga en Tus manos.

Enséñame a respirar profundamente, a disminuir el ritmo y a recordar que Tú tienes el control, obrando de maneras que no siempre puedo ver.

Señor, que Tu paz cubra mi hogar, mis relaciones y cada área de mi vida.

Cuando el caos me rodee, ayúdame a responder con mansedumbre en lugar de temor.

Cuando la incertidumbre se levante, ancla mi corazón en Tus promesas.

Llena mi alma de quietud, confianza y seguridad en Ti.

Que Tu paz proteja mi corazón, estabilice mis emociones y guíe mis pasos cada día.

Que Tu paz me prepare para cualquier batalla que pueda venir.

En el nombre de Jesús,

Amén.

Oración por el Fruto de la Paciencia

Padre Celestial,

Gracias por Tu paciencia conmigo; por Tu gracia suave que me alcanza cada día.

Te pido que Tu Espíritu Santo haga crecer la paciencia en mi corazón, especialmente cuando me siento estirada, apurada o abrumada.

Ayúdame a disminuir el ritmo cuando todo en mí quiere correr.

Enséñame a hacer una pausa antes de reaccionar, a escuchar antes de hablar y a apoyarme en Tu fuerza en lugar de la mía.

Cuando las cosas no salgan como planeé, recuérdame que Tú sigues obrando, sigues presente, sigues siendo fiel y sigues teniendo el control.

Señor, ayúdame a extender paciencia a las personas que me rodean, especialmente a quienes más amo.

Dame un espíritu calmado cuando la frustración se levante y un corazón firme cuando los desafíos parezcan interminables.

Que la paciencia moldee mi tono, mis palabras y mis respuestas para que refleje Tu amor y no mi impaciencia.

Que la paciencia traiga paz a mi hogar, benignidad a mis relaciones y descanso a mi alma.

En el nombre de Jesús,

Amén.

Oración por el Fruto de la Benignidad

Padre Celestial,

Gracias por Tu benignidad hacia mí; una benignidad suave, paciente y llena de compasión.

Te pido que Tu Espíritu Santo llene mi corazón para que la benignidad fluya naturalmente desde mi interior.

Ayúdame a disminuir el ritmo lo suficiente para ver las necesidades de los demás, a hablar palabras que sanen en lugar de herir y a responder con ternura incluso cuando me sienta cansada o abrumada.

Enséñame a reflejar Tu corazón, eligiendo gracia sobre frustración, empatía sobre dureza y amor sobre indiferencia.

Señor, haz que la benignidad sea la atmósfera de mi vida y de mi hogar.

Que moldee mi tono, mis acciones y la manera en que trato a cada persona que pones en mi camino.

Ayúdame a ser alguien que consuela, anima y edifica.

Cuando mi paciencia se debilite, recuérdame lo bien que Tú me has tratado, para extender esa misma benignidad a los demás.

Que Tu benignidad brille a través de mí en los momentos pequeños y en los grandes, para que otros vean Tu amor obrando.

En el nombre de Jesús,

Amén.

Oración por el Fruto de la Bondad

Padre Celestial,

Gracias por Tu bondad que nunca cambia y nunca falla.

Te pido que Tu Espíritu Santo moldee mi corazón para que la bondad crezca dentro de mí; una bondad que refleje Tu carácter, Te honre y bendiga a quienes me rodean.

Ayúdame a desear lo que es correcto, puro y agradable a Ti, incluso cuando sea difícil o nadie lo vea.

Enséñame a elegir la integridad cuando nadie esté mirando y a caminar en justicia porque Te amo, no porque quiera ser reconocida.

Señor, deja que Tu bondad fluya a través de mis palabras, mis acciones y la manera en que trato a los demás.

Ayúdame a ser un ejemplo amable de Tu amor en mi hogar y en cada lugar al que vaya.

Cuando mi carne quiera reaccionar o rendirse, recuérdame que la bondad es poderosa, sanadora y profundamente necesaria en este mundo.

Fortaléceme para hacer lo correcto, para defender lo verdadero y para vivir de una manera que dirija a otros hacia Ti.

Que Tu bondad forme mi vida y deje un testimonio de Tu presencia en mí.

En el nombre de Jesús,

Amén.

Oración por el Fruto de la Fidelidad

Padre Celestial,

Gracias por Tu fidelidad inagotable; constante, firme y verdadera en cada temporada de mi vida.

Te pido que Tu Espíritu Santo haga crecer la fidelidad dentro de mí para que mi corazón permanezca anclado en Ti.

Ayúdame a mantenerme comprometida con Tu Palabra, constante en la oración y firme en confiar en Tus promesas, incluso cuando no pueda ver el resultado.

Recuérdame que Tú siempre estás obrando, siempre presente y siempre fiel para completar lo que comienzas.

Señor, ayúdame a reflejar esa misma fidelidad en los roles que me has confiado.

Fortaléceme para presentarme con amor, cumplir mi palabra y permanecer dedicada a las personas y responsabilidades que has puesto bajo mi cuidado.

Cuando me sienta cansada, renueva mis fuerzas.

Cuando me sienta desanimada, levanta mi espíritu.

Cuando me sienta incierta, afirma mi corazón.

Que mi vida testifique de Tu bondad mientras camino fielmente contigo, día tras día.

En el nombre de Jesús,

Amén.

Oración por el Fruto de la Mansedumbre

Padre Celestial,

Gracias por la ternura de Tu corazón y por la manera suave con la que cuidas de mí.

Te pido que Tu Espíritu Santo cultive la mansedumbre dentro de mí.

Ayúdame a desacelerar mis reacciones, suavizar mis palabras y mantener un espíritu calmado incluso en momentos de estrés o emociones intensas.

Enséñame a responder con compasión en lugar de frustración, a corregir con amor en lugar de dureza y a tratar a los demás con el mismo cuidado que Tú me muestras.

Que mi tono, mi presencia y mi espíritu traigan consuelo en lugar de tensión.

Señor, haz de la mansedumbre una fortaleza en mi vida, no una debilidad.

Ayúdame a permanecer firme cuando las emociones se eleven, a ser nutritiva cuando otros se sientan frágiles y humilde cuando el orgullo intente dominar.

Que la mansedumbre moldee la manera en que amo a mi familia, hablo a mis hijos e interactúo con el mundo que me rodea.

Que mi mansedumbre refleje Tu corazón, calmando tormentas en lugar de agitarlas y guiando a otros hacia Tu paz.

En el nombre de Jesús,

Amén.

Oración por el Fruto de Dominio Propio

Padre Celestial,

Gracias por darme la fuerza y la gracia que necesito cada día.

Te pido que Tu Espíritu Santo desarrolle el dominio propio dentro de mí.

Ayúdame a hacer una pausa antes de reaccionar, a pensar antes de hablar y a elegir sabiduría en lugar de impulso.

Fortaléceme cuando surja la tentación, cuando las emociones se sientan abrumadoras y cuando me sienta tentada a responder de maneras que no Te honran.

Enséñame a rendir mi voluntad a la Tuya, para que mis decisiones, mis palabras y mis acciones reflejen Tu corazón.

Señor, ayúdame a disciplinar mis pensamientos, mis hábitos y mis respuestas para vivir con propósito e intención.

Dame el valor para decir no a lo que daña mi espíritu y sí a lo que me acerca más a Ti.

Cuando me sienta débil, recuérdame que Tu poder se perfecciona en mi debilidad.

Que el dominio propio proteja mis relaciones, nutra la paz en mi hogar y me guíe hacia una vida que Te agrade.

En el nombre de Jesús,

Amén.

Una Oración por las Madres Fructíferas

Padre Celestial,

Venimos ante Ti con corazones agradecidos por las madres que caminan fielmente y están dando fruto en esta temporada.

Gracias por las victorias silenciosas, la obediencia constante y el amor que derraman cada día; muchas veces invisibles para el mundo, pero profundamente conocidas por Ti. Señor, anima sus corazones.

Recuérdales que su fidelidad importa, que las semillas que están sembrando están creciendo, incluso cuando la cosecha no es visible de inmediato.

Fortalécelas para continuar haciendo el bien sin desanimarse, sabiendo que Tú estás obrando a través de cada oración, cada acto de amor y cada momento de perseverancia. Cúbrelas con Tu paz.

Renueva su gozo, refresca su esperanza y reafirma su propósito.

Guárdalas de la comparación y la duda, y ayúdales a descansar en la verdad de que Tú las has equipado para este llamado.

Que permanezcan arraigadas en Ti, obteniendo fuerzas de Tu Palabra y siendo guiadas por Tu Espíritu.

Continúa moldeando sus corazones, sus hogares y su legado para Tu gloria.

Te damos gracias por el fruto que ya es evidente en sus vidas y confiamos en Ti por lo que aún está creciendo.

En el nombre de Jesús,

Amén.

El Jardín de la Gracia

La maternidad no es una carrera hacia la perfección; es un caminar con Aquel que es perfecto en amor. Es aprender, con el tiempo, que el fruto no crece por esforzarse más, sino por descansar más profundamente en la presencia de Dios.

Cada momento de amor, cada acto de paciencia, cada pausa de dominio propio es una semilla plantada en tierra eterna.

Algunas florecerán rápido, otras tomarán tiempo, pero ninguna se pierde cuando es entregada en las manos del Jardinero.

La Mamá Fructífera entiende que su crecimiento no se mide por comparación, sino por conexión. No está definida por lo que ha perdido, sino por lo que Dios continúa redimiendo. Incluso los lugares marchitos de su pasado pueden volver a florecer cuando son tocados por Su gracia.

Las mismas manos que podan también protegen. La misma voz que corrige también llama con ternura: "Permanece en Mí." Y mientras ella lo hace, sus raíces se profundizan en la fe, sus ramas se extienden en esperanza y su fruto se multiplica en amor, alimentando generaciones que aún están por venir.

Así que, a cada madre que está leyendo estas palabras:

Cuando te sientas cansada, vuelve a la Vid.
Cuando te sientas invisible, recuerda que el Jardinero nunca deja de cuidarte.
Cuando temas haber fallado, confía en que Él aún puede traer belleza de cada lugar roto.

Tu historia no ha terminado. Tu fruto sigue creciendo. Y tu jardín, el que ha sido regado con lágrimas, oraciones y fe, un día desbordará de gracia.

"Yo soy la vid; ustedes son las ramas. El que permanece en mí, y yo en él, dará mucho fruto."
Juan 15:5 (NVI)

Reflexión de una Madre: Redención en Flor

Antes de cerrar este libro, quiero compartir algo profundamente personal. Todo lo escrito en estas páginas fue vivido antes de ser aprendido. Las verdades que has leído no nacieron de teoría, sino de lágrimas, errores y la misericordia de un Dios paciente.

Cuando miro hacia atrás, veo lugares donde fallé a mis hijos; no porque no los amara, sino porque no sabía cómo ser la madre que quería ser. Como seguidora de Cristo, estoy aprendiendo constantemente el corazón de Dios y cómo reflejarlo en mi propio hogar.

Y a veces, el "mejor esfuerzo" de una persona no es suficiente... y... está bien... Dios trabaja contigo exactamente donde estás en tu camino de maternidad, siempre que estés dispuesta a permitirle obrar en ti.

Hubo momentos en que reaccioné cuando debía haber escuchado, corregí cuando debía haber consolado y presioné cuando debía haber orado. Esos momentos aún duelen en mi corazón, no con vergüenza, sino con el deseo de hacerlo mejor.

A la madre que siente que ha fallado... no estás sola. Yo he estado allí, de pie en el silencio que deja el arrepentimiento, preguntándome si había pasado demasiado tiempo para arreglar lo que se rompió.

Pero Dios, en Su gracia, me ha mostrado que nunca es demasiado tarde. Puede tomar tiempo. Puede requerir humildad. Puede necesitar muchos pequeños pasos para reconstruir la confianza. Pero con Él, la restauración siempre es posible.

"Yo les devolveré los años que se comió la langosta."
Joel 2:25 (NVI)

Esa promesa no es solo para campos de cosecha; es para corazones. Dios puede restaurar los años marcados por malentendidos, inmadurez o dirección equivocada. Puede suavizar lo que se endureció y sanar lo que fue fracturado por la impaciencia, el miedo o el enojo.

A mis hijos mayores, si algún día leen estas palabras, por favor conozcan mi corazón. No sabía entonces lo que sé ahora. Yo estaba creciendo mientras intentaba guiarlos. Y aunque me quedé corta en ocasiones, mi amor por ustedes nunca vaciló. Cada lección que he aprendido, cada verdad que he escrito aquí, refleja mi deseo de hacerlo mejor en cada aspecto de mi maternidad, con todos mis hijos.

Y a cada madre que ve su reflejo en mi historia, recuerda esto: el arrepentimiento no es el fin de tu maternidad; es su renovación. Lo que entregas a Dios, Él aún puede usar.

Lo que se rompió por ignorancia puede florecer nuevamente por medio de la sabiduría. Aún estás dando fruto, incluso si algunas ramas alguna vez se marchitaron.

La Mamá Fructífera no es la que lo hace todo perfecto; es la que regresa al Jardinero y dice: "Señor, pódame otra vez."

Que tu historia, como la mía, se convierta en una de redención en flor; prueba de que Dios todavía hace belleza de nuestro proceso de transformación.

Oración de Restauración

Padre Celestial,

Gracias por ser paciente conmigo; por amarme en cada temporada de mi maternidad, incluso en aquellas que desearía poder reescribir.

Tú has visto cada lágrima que he derramado, cada error que he cometido y cada momento en el que intenté hacer lo correcto pero me quedé corta. Y aun así, nunca te apartaste. Solo me acercaste más a Ti.

Señor, pongo delante de Ti los momentos que no manejé bien; las palabras que quisiera haber dicho de otra manera, los silencios que hirieron, las veces que elegí el control en lugar de la compasión y el temor en lugar de la fe.

Te pido que Tu misericordia cubra mis fallas y que Tu gracia redima lo que mis manos no pudieron reparar.

Padre, restaura los puentes que el tiempo o el malentendido han quebrado. Donde ha crecido la distancia, siembra conexión. Donde aún duelen las heridas, derrama sanidad. Donde la culpa ha permanecido, reemplázala con Tu paz.

Enséñame a amar a mis hijos, a todos ellos, como Tú me amas: con paciencia, con verdad y sin condición.

Ayúdame a verlos a través de Tus ojos, a hablar vida donde ha habido dolor y a ser un reflejo firme de Tu mansedumbre en sus vidas.

Y Señor, recuérdame que nunca es demasiado tarde: ni para crecer, ni para perdonar, ni para recibir gracia. Que mi historia sea un testimonio de que incluso lo que una vez estuvo roto puede volver a dar fruto bajo Tu mano.

En el nombre de Jesús,

Amén.

Oración de Bendición por la Mamá Fructífera

Padre Celestial,

Vengo ante Ti con un corazón agradecido, pidiendo Tu bendición sobre mi vida como madre. Ayúdame a ser, y a seguir siendo, una Mamá Fructífera; una que refleje Tu amor, Tu paciencia y Tu fidelidad en cada temporada. Señor, lléname con Tu Espíritu para que el fruto de mi vida desborde en mi hogar. Dame amor cuando esté cansada, gozo cuando los días se sientan largos y paz cuando mi corazón esté estirado al límite.

Concédeme paciencia en medio del ruido, benignidad en el caos y bondad en los momentos que nadie ve. Fortalece mi fidelidad, mi mansedumbre y mi dominio propio para que mis hijos puedan ver a Cristo en mí. Enséñame a sembrar semillas con constancia, incluso cuando sienta que quizás no producirán fruto. Ayúdame a confiar en que nada hecho con amor se pierde. Que mis palabras edifiquen, que mis manos bendigan y que mi presencia consuele.

Moldea mi corazón para que permanezca humilde, firme y rendido a Ti. Bendice mi hogar con Tu presencia. Cubre a mis hijos con Tu protección. Guíalos con Tu sabiduría. Hazlos crecer en Tu verdad. Que se levanten para vivir vidas fuertes y piadosas que Te honren.

Padre, cuando me sienta insuficiente, recuérdame que Tu gracia es suficiente. Cuando me sienta abrumada, susúrrame Tu paz. Cuando dude de mi impacto, asegúrame que Tú estás obrando de maneras que no puedo ver. Que dé fruto en cada temporada, no por esfuerzo propio, sino por permanecer en Ti. Hazme una madre que siembra con propósito, riega con oración y confía en Ti para la cosecha. Rindo mi maternidad a Ti y recibo hoy Tu fuerza, Tu gozo y Tu bendición.

En el nombre de Jesús,
Amén.

Agradecimientos

Principalmente, doy toda la gloria, honra y alabanza a mi Señor y Salvador, Jesucristo.

Cada palabra en estas páginas existe por Su misericordia, Su paciencia y Su amor inagotable.

Él es quien me sostuvo en los valles, me refinó en las tormentas y me enseñó que la maternidad no es una tarea para sobrevivir, sino un llamado para reflejar Su corazón.

Este libro es un testimonio de Su fidelidad, y le pertenece a Él.

A mi mamá, gracias por amarme en cada temporada de mi vida. Tu amor incondicional ha sido un lugar seguro donde descansar cuando la vida se siente pesada, y tu fortaleza siempre me ha inspirado.

Gracias por mostrarme el tipo de amor que nutre, perdona y permanece. Te amo con todo mi corazón y he sido bendecida de tenerte como mamá.

A la Pastora Brandi, gracias por ser un ancla espiritual y una pastora fiel en mi vida. Tu apoyo personal, tus oraciones, tu guía y tu ejemplo de mujer piadosa me han formado más de lo que imaginas.

Eres un verdadero tesoro y siempre estaré a tu lado cuando lo necesites. Has sembrado en mí, me has desafiado y me has ayudado a ver quién puedo llegar a ser en Cristo. Gracias por amarme, enseñarme y creer en mí. Estoy eternamente agradecida de que el Señor haya permitido que nuestros caminos se cruzaran.

Y a cada madre que está leyendo esto, ya sea que estés en una temporada de gozo, sanidad, reconstrucción o redescubrimiento de quién eres en Cristo, gracias por leer estas páginas con un corazón abierto.

Mi oración es que te sientas vista, fortalecida y recordada de que no caminas este llamado sola.

El cielo está contigo, y yo también.

Que este libro sea un recordatorio de que Dios usa momentos ordinarios para construir legados eternos.

Sobre la Autora

Brenda Lee Ginés es autora cristiana, esposa, madre y educadora homeschool que cree que la fe se forma con mayor profundidad dentro de los ritmos cotidianos de la vida familiar. Escribe para animar a las madres a crecer espiritualmente, no por medio de presión o perfección, sino permaneciendo en la presencia de Dios.

Como fundadora de Faithistry Studios, Brenda crea devocionales y recursos basados en la fe diseñados para ayudar a las familias a ver los momentos ordinarios como oportunidades sagradas para caminar con Dios. Su corazón es equipar a las madres para cultivar hogares semejantes a Cristo, arraigados en la gracia, la verdad y la guía del Espíritu Santo.

La fe de Brenda ha sido refinada tanto en el gozo como en la profunda adversidad, incluyendo pérdida, enfermedad y temporadas de reconstrucción. A través de cada valle, ha sido testigo del poder restaurador de Dios, transformando el dolor en propósito y fortaleciendo su dependencia en Él. Estas experiencias moldean la voz compasiva y llena de esperanza que se encuentra a lo largo de su escritura.

Sirve fielmente en su iglesia local y es Coach Cristiana en Salud Mental, combinando sabiduría bíblica con un cuidado gentil para apoyar la sanidad emocional y espiritual. Brenda posee títulos en Educación en Inglés y Escritura Creativa Cristiana, lo que complementa su llamado a enseñar, escribir y discipular a través de palabras fundamentadas en la Escritura y en una fe vivida.

Brenda cree que la fe, la familia y la creatividad dan forma tanto a su vida como a su ministerio. Conoce más sobre los libros y recursos de Brenda en www.Faithistry.com.

www.ingramcontent.com/pod-product-compliance
Ingram Content Group UK Ltd.
Pitfield, Milton Keynes, MK11 3LW, UK
UKHW041829200726
13854UKWH00002BA/899